W9-BRB-146
54

Historias verdaderas de vidas pasadas

Título original: *Reincarnation. True Stories of Past Lives.*

alamah

De esta edición:
D. R. © Santillana Ediciones Generales, S.A. de C.V., 2005
Av. Universidad 767, Col. del Valle
México, 03100, D.F.
Teléfono (55) 54207530
www.alamah.com.mx

- Distribuidora y Editora Aguilar, Altea, Taurus, Alfaguara, S. A.
  Calle 80 Núm. 10-23, Santafé de Bogotá, Colombia.
- Santillana Ediciones Generales, S.L.
  Torrelaguna 60-28043, Madrid, España.
- Santillana S. A.
  Av. San Felipe 731, Lima, Perú.
- Editorial Santillana S. A.
  Av. Rómulo Gallegos, Edif. Zulia 1er. piso
  Boleita Nte., 1071, Caracas, Venezuela.
- Editorial Santillana Inc.
  P.O. Box 19-5462 Hato Rey, 00919, San Juan, Puerto Rico.
- Santillana Publishing Company Inc.
  2043 N. W. 87 th Avenue, 33172. Miami, Fl., E. U. A.
- Ediciones Santillana S. A. (ROU)
  Cristóbal Echevarriarza 3535, Montevideo, Uruguay.
- Aguilar, Altea, Taurus, Alfaguara, S. A.
  Beazley 3860, 1437, Buenos Aires, Argentina.
- Aguilar Chilena de Ediciones Ltda.
  Dr. Aníbal Ariztía 1444, Providencia, Santiago de Chile.
- Santillana de Costa Rica, S. A.
  La Uruca, 100 mts. Oeste de Migración y Extranjería, San José, Costa Rica.

Primera edición: septiembre de 2005
ISBN: 968-19-1204-7
Traducción: Rubén Heredia Vázquez
Diseño de cubierta: Antonio Ruano Gómez
Fotografía de cubierta: Antonio Ruano Gómez
Impreso en México

ROY STEMMAN

Historias verdaderas de vidas pasadas

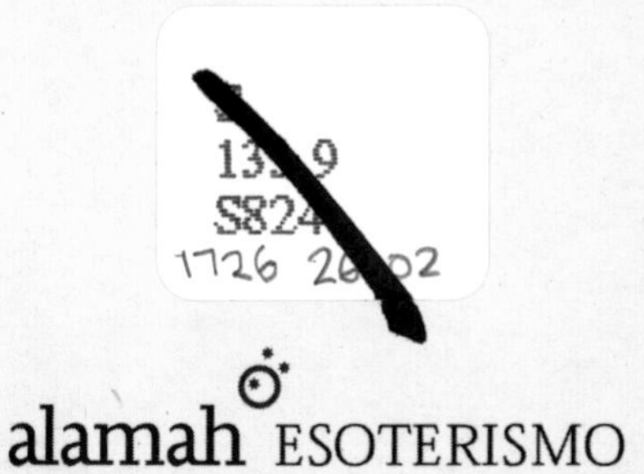

alamah ESOTERISMO

Índice

Agradecimientos

Ningún libro que examine las evidencias científicas de la reencarnación podría escribirse sin referencias al trabajo del profesor Ian Stevenson, y el mío no es la excepción. Es el principal experto mundial en reencarnación y, al igual que otros autores en la materia, yo le tengo enorme gratitud por sus investigaciones tan novedosas y concienzudas. Nacido en Canadá, Ian Stevenson es un reconocido profesor de psiquiatría de la Universidad de Virginia, Estados Unidos, donde también es director de la División de Estudios sobre Personalidad del Departamento de Medicina y Psiquiatría de la Conducta. Ha dedicado muchos años a investigar los mejores casos de reencarnación en todo el mundo, y yo he recurrido mucho a sus investigaciones publicadas (ver bibliografía). Aunque se han criticado sus investigaciones, esto no ha cambiado mi visión de que su trabajo y el de otros proporcionan un formidable cuerpo de evidencias para el concepto de renacimiento, y que también han contribuido muchísimo a nuestro conocimiento de la dimensión espiritual del hombre.

Muchas otras personas trabajan en este campo cuyos esfuerzos y cooperación admiro y valoro. La mayoría apoyan a la revista *Life & Soul Magazine* —la cual yo edito— y sus expedientes constituyen la materia prima de mucho de lo aquí publicado. Entre los corresponsales de la revista se encuentran Joe Fisher en Canadá, Ian Wilson en Nueva Zelanda, Rabbi Yonassan Gershom en Estados Unidos, Gaj Raj Gaur en India, Hernani Guimarães Andrade en Brasil y la profesora Erlendur Haraldsson en Islandia: me complace mucho reconocer sus aportaciones a este libro.

Hay otras personas que han escrito o proporcionado material con la única intención de compartir sus evidencias de reencarnación. Entre ellas están Guy Lyon Playfair (su traducción y excelente reseña del libro de Hernani Guimarães Andrade sobre el padre Jonathan se cita de manera extensa en el capítulo 16) y Colin Wilson. Otros de nuestros colaboradores más constantes son David Christie-Murray, cuyo erudito libro sobre reencarnación es el que más suelo recomendar a los interesados (ver bibliografía), y Gladys Archer, quien proveyó mucho del material sobre el caso del capitán Arthur Flowerdew (capítulo 19). Mi buen amigo Tom Barlow, hipnotizador e investigador, me apoyó a lo largo del proyecto y me ha brindado valiosa ayuda de muy diversas maneras. Bob, Peter y Carl Hulme me mantuvieron muy bien informado de los avances en sus investigaciones sobre la vida de John Rafael (capítulo 19).

Gaj Raj Gaur merece una mención especial por viajar toda la noche para verme durante mi breve estancia en Delhi en 1994, y luego proporcionarme varios casos nuevos de niños que recuerdan vidas pasadas, en particular de quienes presentan manchas o defectos congénitos. Nadie ha hecho más que Joe Keeton por investigar el poder de la mente y la capacidad de recordar vidas pasadas mediante la hipnosis. Su esposa Monica O'Hara Keeton también hace ahora una importante contribución con un estudio detallado de su vida anterior. Estoy muy agradecido con ambos por el aliento que me han dado.

Mi hijo Paul ha sido de gran ayuda, no sólo en el aspecto editorial sino en el informático; desempeña un papel importantísimo en la labor editorial de hoy. Cuando no puedo resolver un problema técnico, siempre está listo para venir al rescate.

Por último, no me habría sido posible escribir este libro sin el apoyo de Danny Lee quien, aparte de ser el pilar administrativo de *Life & Soul Magazine*, ha fungido como mi investigador y corrector de pruebas en este libro, labores a las que dedicó mucho más tiempo del que corresponde a su deber.

Estoy profundamente agradecido con todas las personas mencionadas y muchas más que me han ayudado a presentar las evidencias de la reencarnación a un público más amplio.

Introducción

Es probable que el responsable de mi fascinación por la vida después de la muerte haya sido un maestro de educación religiosa que tuve... aunque por las razones más equivocadas. Me refiero al reverendo E.G. Taylor, hombre alegre, corpulento, con el pelo al cepillo y rasgos toscos, quien daba clases en la escuela a la que yo iba en el norte de Londres. Aunque durante sus clases de teología mi mente y la de mis compañeros tendía a divagar, había un aspecto de él que siempre me intrigó. Se entusiasmaba mucho al hablar sobre milagros, nos agasajaba con relatos como "El paso del Mar Rojo" y "Moisés y la zarza ardiente", y luego nos ofrecía explicaciones perfectamente normales para esos acontecimientos de apariencia milagrosa. Sugería que tal vez, en cierta hora del día, alguien que supiera sobre mareas habría podido guiar a un gran número de personas a través de aquel estrecho de agua, mientras el ejército perseguidor se hundía en la marea creciente. También explicaba el truco de Moisés con la zarza ardiente como si se tratara de un fenómeno natural.

Nunca reparé en estas hipótesis para ver si él tenía razón o no. Sin embargo, lo que me fascinaba era que un sacerdote argumentara en contra de la intervención divina en estos y otros relatos bíblicos. En verdad, se mostraba incrédulo con todo lo milagroso, y habría sido un miembro ideal de cualquiera de las múltiples asociaciones de escépticos que hoy parecen estar de moda. Como yo era joven y curioso, su enfoque incrementó mi interés en los llamados milagros. Pronto me convertí en ávido lector de libros sobre investigaciones psíquicas, espiritualismo, reencarnación y temas afines.

Como quedé absorto, confundido y fascinado por aquellos relatos de tercera mano sobre la vida después de la muerte, sólo tuve que dar un pequeño paso para decidir que necesitaba averiguar por mí mismo si aquellos a quienes llamamos muertos en verdad sobrevivían a la tumba y podían comunicarse con nosotros. Como adulto, esa decisión me llevó a una frondosa calle suburbana de Golders Green en el noroeste de Londres, a la casa de la señora Bertha Harris, médium veterana. Fui en extremo afortunado por haber tenido mi primera sesión espiritista con ella, pues ahora me doy cuenta de que era estupenda, experiencia por desgracia rara en la actualidad.

Debido a mi perspectiva escéptica, decidí no hacer ni decir cosas que pudiesen dar pistas a la señora Harris. Tuve la precaución de concertar la cita con un nombre falso y sólo respondí "sí" o "no" a las preguntas que me hizo durante nuestra sesión de dos horas. Además de proporcionarme mucha información que ella no habría podido saber ni aunque le hubiese dicho mi verdadero nombre, me dijo que sus ayudantes espirituales le decían algo que yo mismo no podía saber. Le explicaron que aunque yo era escéptico, después iba a referir lo que me dijo como una lectura de mi mente.

Describió mi oficina y dijo, de manera acertada, que yo trabajaba con varias personas pero sólo una era hombre, mi jefe, pero no el jefe. La señora Harris percibió la presencia espiritual de un hombre que era el padre de mi jefe. "Él me dice que su nombre es Smith", continuó. "Me temo que es un nombre muy común, pero no puedo cambiarlo. Dice que sus iniciales son W.G. o W.J., aunque no escucho bien si dice G o J, y murió de una enfermedad pulmonar. Usted no sabía nada de esto y tendrá que comprobarlo."

Yo estaba convencido de que se equivocaba. Era verdad que el asistente editorial del periódico donde trabajaba entonces se llamaba Arthur Smith, pero él mencionó varias veces que había visitado a sus padres el fin de semana. Por eso yo estaba seguro de que su padre vivía. Sin embargo, para juzgar con justicia a la señora Harris y la hipótesis del espíritu, era importante corroborar los hechos. La oportunidad se presentó en un almuerzo durante nuestra visita semanal a la imprenta. Arthur, fumador de pipa alto y delgado de aproximadamente 45 años, quedó un tanto desconcertado por mi pregunta, pues hasta ese momento no conocía mi interés en el espiritualismo.

Las iniciales de su padre y la causa de su muerte estaban escritas en un papel que había colocado en mi bolsillo esa mañana, el cual le presenté junto con mi explicación.

"Mi padre está muerto", confirmó. "Murió cuando yo tenía como cuatro años y mi madre volvió a casarse. Sus iniciales eran W.G., pero desconozco la causa de su muerte. Creo que sufrió una herida en el costado de la cual nunca se recuperó. Este fin de semana veré a mi madre y se lo preguntaré."

Y así lo hizo. El lunes siguiente, reveló que su padre había muerto de una enfermedad pulmonar —como Bertha Harris me había dicho— por inhalar gas mostaza durante la Primera Guerra Mundial.

Quizá esta historia no convenza a los incrédulos, pero sumada a toda la información que me había dado, me convenció de que hay una parte de nuestra conciencia que sobrevive a la muerte y puede comunicarse con este mundo bajo ciertas circunstancias, como la presencia de un médium que actúe como intermediario. Durante los ocho años que fui asistente editorial del semanario espiritualista *Psychic News*, recibí aún más evidencias de esta supervivencia, pero nada superó aquella primera sesión.

Al continuar mi búsqueda de pruebas satisfactorias de vida tras la muerte, descubrí que los relatos acerca del otro mundo —que los guías espirituales y otros seres comunicaban a través de los médiums— a veces eran contradictorios. Sus descripciones diferían. Sus creencias chocaban entre sí. Incluso sus perspectivas sobre Dios, Jesús y otras figuras espirituales no siempre coincidían.

En realidad, vistas desde otro plano, estas diferencias no son tan sorprendentes. Si seis naves extraterrestres aterrizaran en seis puntos diferentes de la Tierra, y luego regresaran a casa con informes separados de sus descubrimientos, es muy probable que sus semejantes se preguntaran si acaso todas las naves habían estado en el mismo planeta. Una de las tripulaciones extraterrestres describiría un mundo donde la nieve y el hielo cubren el suelo, y cuyos habitantes visten pieles para evitar congelarse. Otra hablaría acerca de personas con piel negra que viven en temperaturas sofocantes y andan semidesnudas. Otra más describiría ciudades con edificios muy altos en los que viven personas de diferente color y donde utilizan vehículos para transportarse. Por supuesto, cada tripulación estaría diciendo la verdad y quizá lo mismo ocurra con los guías espirituales que intentan referir el más allá.

Pero el desacuerdo en torno a si renacemos o no es algo más confuso, de modo que comencé a hacer un estudio detallado de las evidencias de la reencarnación. Aunque sabía que budistas e hinduistas creen que hemos tenido varias vidas terrenales, para mí fue una sorpresa descubrir cuán antigua es tal creencia. Hay enseñanzas que datan de hace 5000 años, y el hinduismo, que empezó en esa época, fue la primera religión en incorporar la reencarnación en sus dogmas fundamentales. Incluso hay evidencias de que fue adoptada por los cristianos primitivos antes de ser declarada anatema en 553 D.C. La encontramos también en el jainismo y el sikhismo, algunos sectores de la fe judía y muchas culturas indígenas de todo el mundo. Por ejemplo, se dice que tan sólo en África hay 36 tribus que creen en la reencarnación y otras once en el renacimiento como animales. Esto significa que alrededor de la mitad de la población del planeta cree que renacemos una y otra vez.

Entonces descubrí que, a pesar de esta tendencia mundial a creer en la reencarnación, numerosos espiritualistas en Estados Unidos y Reino Unido rechazan esta idea. Varios guías espirituales conocidos han dicho no conocer un solo caso de renacimiento. Espiritualistas prominentes que siguen las enseñanzas de estos guías afirman que vivimos una sola vez en la tierra y después pasamos la eternidad en el mundo espiritual. Sin embargo, en Francia y otras partes de Europa, así como en Sudamérica, los espiritistas (que siguen las enseñanzas de Allan Kardec basadas en los miles de mensajes espirituales que él recibió al final del siglo XIX a través de varios médiums) son firmes creyentes de la reencarnación.

La lección que aprendí de mi propio estudio de relatos del otro mundo es no considerar ninguna fuente espiritual en particular como palabra de Dios. Es probable que haya algo de verdad en cada una. Lo último que debemos hacer es permitir que tales mensajes espirituales nos vuelvan cerrados de mente y fanáticos. También encontré que el concepto de un más allá en el que el sol siempre brilla y las flores siempre brotan —a menudo llamado paraíso— es demasiado bueno para ser cierto.

La agitación y el desorden de una vida en la Tierra, con sus emociones y escollos, parece ser un valioso salón de clases para aprender lecciones, y quizá sea lógico pasar por varios salones de clases antes de graduarnos.

Así como el aparente conflicto en las creencias de mi maestro de teología inspiraron mis propias investigaciones en asuntos espirituales, esta esencial diferencia de opinión sobre la naturaleza de una vida que se prolonga después de la muerte también ha enfocado mi propio interés en el área de la reencarnación.

Por más de 30 años he reunido testimonios de personas que creen haber tenido vidas terrenales anteriores y en otro cuerpo, y me he percatado de que existe un grande e impresionante cuerpo de evidencias que sustentan mi perspectiva: se trata de experiencias muy reales y no de fantasías. En este libro comparto sólo unos pocos de los miles de casos registrados que me han impresionado de manera particular. Desde que lancé mi primera publicación *Reincarnation International Magazine* en 1993 —después renombrada *Life & Soul Magazine*—, he recibido informes de personas que creen tener pruebas ciertas de que en verdad pueden recordar vidas anteriores. Espero que este libro también inspire a algunos lectores a compartir sus experiencias conmigo.

En un nivel más profundo, creo que la reencarnación nos ofrece una explicación de la aparente injusticia de la vida. Admite la posibilidad de que los ricos de esta vida sean los pobres de la próxima, y viceversa. Pone en contexto nuestros males y desgracias, muerte prematura o el sufrimiento prolongado, no en cuanto accidentes de nacimiento sino como episodios de un gran esquema donde la ley de causa y efecto —karma— asegura que siempre se recuperará el equilibrio y tendremos oportunidades para mejorar, no importa cuánto nos hundamos.

Aquí me concentro en algunos de los mejores estudios de casos, los cuales presento al lector para que se forme su propia opinión. Aunque éste no es un libro científico, hace uso extenso del trabajo de varios científicos eminentes. Algunos relatos se basan en el testimonio de individuos confiables y honorables. Aunque todavía quedan muchas preguntas sin respuesta acerca de la reencarnación y muchas investigaciones por hacer antes de que la ciencia acepte estas evidencias, ya tenemos a nuestra disposición muchas pruebas impresionantes. Lo que está fuera de duda es que la aceptación de la reencarnación domina creencias y acciones de muy numerosas personas. Espero que después de leer este libro logres ver esta vida y tus posibles vidas futuras desde una nueva perspectiva.

ROY STEMMAN

Octubre de 1996

1
Creyentes famosos

Creyentes militares

Un oficial del ejército estaba a punto de llevar a un general recién llegado a dar un paseo por las soberbias ruinas romanas de Langres, Francia, cuando el visitante le dijo: "No tienes que hacerlo. Conozco bien este lugar". Entonces guió al conductor alrededor de las ruinas y le señaló varios sitios importantes, entre ellos el campo militar, los templos de Marte y Apolo, foro y anfiteatro. Sin embargo, el general estadounidense visitaba por primera vez esa ciudad, cuyo mando estaba a punto de asumir, al menos en esta vida. Al parecer, su llegada a Langres le había desencadenado el recuerdo de una vida como legionario de Julio César.

Lo que confiere a esta historia un interés particular es la identidad de la persona en cuestión. No se trataba de un militar desconocido, sino del mismísimo general George Patton, héroe estadounidense de la Segunda Guerra Mundial, vencedor de la Batalla de las Ardenas. Y ésta era sólo una de numerosas vidas pasadas que recordaba en las que había sido guerrero, con lo que sugería que desarrollamos y conservamos nuestras habilidades de una vida a otra.

Por ejemplo, el general Patton también recordaba haber estado en los muros de Tiro con Alejandro Magno. De igual modo, estaba seguro de haber sido un miembro de la falange griega que enfrentó a Ciro II, conquistador Persa que fundó el imperio aqueménida más de 500 años antes del nacimiento de Cristo. Con anterioridad a sus éxitos en la Segunda Guerra Mundial, Patton recordaba haber peleado en la Guerra de los Cien Años en los campos de Crécy. También haber sido general con Joachim Murat, el brillante líder de caballería del siglo XVIII, uno de los mariscales más famosos de Napoleón y, como rey de Nápoles, defender el nacionalismo italiano.

Además de hablar de manera abierta sobre todo esto, reanimó los sentimientos evocados por estos recuerdos de vidas pasadas en su poema “A través de un vidrio opaco", escrito en 1944. Uno de los versos dice:

> Y como a través de un vidrio opaco,
> veo la eterna contienda
> donde luché con varios atuendos,
> varios nombres, ¡pero siempre yo!

El general Patton murió al año siguiente en un accidente automovilístico en Mannheim, Alemania.

Poco más de un mes antes de la muerte del general Patton, otro héroe de la Segunda Guerra Mundial, Lord Dowding, causaba sensación en Inglaterra con sus opiniones sobre la vida después de la muerte. Dowding, quien dirigió la Batalla de Inglaterra como jefe de aviación de la Real Fuerza Aérea, debía asistir a la Universidad de Oxford a finales de octubre en compañía del general Dwight D. Eisenhower y del mariscal de campo Montgomery para recibir el premio honorario de Doctor en Derecho Civil. Pero prefirió dar una conferencia —la cual se empalmaba con su premiación— en la Sociedad Teosófica en Kingsway Hall, Londres.

Dijo a los asistentes: "Tengo ciertas razones para suponer que quienes sembraron las semillas de la crueldad durante la Inquisición, cosecharon sus propios frutos en Belsen y Buchenwald".

Visión polémica, por decir lo menos, pues consideraba a las víctimas del Holocausto individuos castigados en los campos de concentración por sus fechorías en vidas anteriores. Muchas personas se molestaron ante tales declaraciones y se apresuraron a señalar las fallas de esa perspectiva. ¿Quiénes son víctimas y quiénes victimarios? Como la gallina y el huevo, es imposible saber quién llegó primero.

Sin embargo, Lord Dowding estaba acostumbrado a tales controversias y era capaz de enfrentar a sus críticos. Había revelado por primera vez su interés en el espiritualismo en el libro *Many Mansions* publicado en 1943, y sus visiones en torno a la reencarnación aparecieron dos años después en una secuela llamada *Lychgate: The Entrance to the Path.* En ambos describe cómo recibió mensajes espirituales de soldados, marinos y aviadores muertos— todos víctimas de la guerra —a través de un médium no profesional en el suroeste de Londres.

Al parecer, su creencia en la reencarnación se basaba en mensajes de médiums y asimismo en experiencias propias. Por ejemplo, dijo a su público de Londres que mientras algunos seres humanos son capaces de recordar escenas de sus vidas pasadas, otros —como él— las vislumbran mediante ojos de videntes o registros akáshicos (que describía como un archivo permanente de todos los pensamientos y acciones de la humanidad: quizá una versión más compleja de la conciencia colectiva de Jung), y que tales vislumbres no eran para la autoglorificación.

"Soy el inglés más cerrado e intolerante por naturaleza", explicaba:

> Soy como el hombre que, después de la última guerra, dijo que la Liga de las Naciones sería una buena idea, ¡si no fuese por todos esos malditos extranjeros! Si eres una persona así pero estás dispuesto a aceptar evidencias de que en el pasado has sido chino, egipcio, persa, indio piel roja o lo que sea, empezarás a formarte una visión menos exclusiva de nuestros prójimos.

Pero el general Patton y Lord Dowding no son en modo alguno los únicos militares que han creído en la reencarnación. Entre otros se encuentran Napoleón Bonaparte (1767-1815), general y emperador de los franceses, uno de los personajes más célebres de la historia. Estaba seguro de haber vivido como el emperador Carlomagno, rey de los francos, 10 000 años antes. Y Juliano "El apóstata" (331-363), último emperador romano que intentó remplazar el cristianismo con paganismo, creía ser la reencarnación de Alejandro Magno (356-323 A.C.), rey de Macedonia y uno de los más grandes generales de la historia.

Creyentes del mundo de la farándula

La creencia en la reencarnación está bastante difundida, y quienes declaran su interés en el tema se encuentran prácticamente en cualquier actividad. Si preguntas por nombres de personas famosas que crean en la reencarnación, es probable que la mayoría de la gente coloque a Shirley MacLaine al principio de su lista. Más que cualquiera otra celebridad de épocas recientes, ha sido abierta defensora de la creencia en vidas pasadas, y así lo demuestran relatos sobre su vida como sirviente en el antiguo Egipto, modelo de Toulouse Lautrec en Francia o habitante de la Atlántida. Tal vez muchos la consideren demasiado crédula, pero no es la única en su profesión con estas ideas. Enumerar creyentes famosos en la reencarnación podría parecer una lista de *Quién es quién en Hollywood.*

Por ejemplo, Sylvester Stallone está convencido de que vivió durante la Revolución Francesa y haber sufrido una muerte brutal y sangrienta que incluso a su personaje Rambo le habría sido difícil evitar: decapitado en la guillotina. John Travolta, quien saltó a la fama con la película *Fiebre del sábado por la noche*, sospecha que también fue actor de cine en su vida anterior, quizá Rodolfo Valentino. Asimismo el cantante Engelbert Humperdinck está seguro de que tuvo 95 vidas anteriores, incluida una como emperador romano. No estoy seguro de quién fue el actor Martin Sheen en su existencia previa, pero es un firme creyente en la reencarnación y asegura que las familias no se juntan por casualidad. Explica: “Nuestros hijos vienen a nosotros para que enmendemos imprudencias de vidas anteriores. Son prolongaciones de vidas no resueltas". La cantante Stevie Nicks tiene la certeza de que ésta es su última vida en la Tierra tras haber sido alta sacerdotisa egipcia, pianista clásica y víctima del Holocausto. Se dice que, por medio de la hipnosis, el compositor Henry Mancini descubrió ser la reencarnación del compositor decimonónico italiano Giuseppe Verdi, cuyas obras incluyen *Rigoletto*, *La Traviata*, *Aida*, *Otello* y *Falstaff*, y que antes de ello fue uno de los ingenieros encargados de construir la gran pirámide de Giza y oficial de la corte de Moctezuma, antepenúltimo emperador azteca.

Tina Turner incluso ha buscado evidencias de una vida en Egipto, tras haberle dicho un psíquico californiano que era la reencarnación de Hatshepsut, mujer que gobernó ese país como faraón durante casi veinte años. Esto tocó una fibra en ella.

En cuanto a Loretta Swit, mejor conocida por su papel como la mayor "Hot Lips" Houlihan en la serie televisiva M*A*S*H, sus vislumbres de vida pasada la convencieron de que fue poderosa terrateniente china del siglo XI que dirigía una gran finca y cuya palabra era ley. Aquella vida parece influir en ésta: "Tengo tapetes, estatuas, jarrones chinos y solía tener perros pequineses. Rodearme de tales cosas me hace sentir muy a gusto. Incluso mi ama de llaves es china".

El difunto Kenny Everett, estrafalario personaje de radio y televisión inglesas, igual se cuenta entre los creyentes en la reencarnación. Durante un programa televisivo de entrevistas, dijo al conductor que su esposa Lee, médium, le había dicho que en una vida anterior él fue su hijo y aun antes había sido monja española. Después, en una entrevista previa a su muerte por sida, Everett afirmó con su típico humor: "No puedo creer que no haya estado en ningún lugar antes que aquí. Me gustaría volver a vivir en Italia, España o algún otro lugar. Mientras no me quede calvo ni viva en Bosnia, no habrá problema".

Su esposa durante doce años, Lee Everett, ahora ha escrito un libro, *Celebrity Regressions*, donde narra recuerdos de vidas pasadas de muchas celebridades que le permitieron les indujera una regresión. Está capacitada para hacerlo: además de haber sido médium y psíquica durante su matrimonio con Everett, condujo terapias de vidas pasadas, en lo cual se especializa ahora. Entre las personalidades presentadas en el libro se encuentra Elton John, quien recordó tres vidas, incluida una como un compositor del siglo XVIII que vivió en Francia y murió en Venecia. El comediante Jimmy Tarbuck recordó haber sido un caballero que murió alcanzado por una flecha mientras luchaba al lado de su rey. El bailarín de ballet Wayne Sleep recordó que fue apuñalado hasta morir en un almacén a orillas del Támesis. Y la actriz Fenella Fielding aseguró que la vida que vio bajo hipnosis, en la cual era hombre, se había desarrollado en Perú, aun cuando nunca estuvo ahí.

Quizá estos relatos pintorescos deleiten a representantes de estrellas y sean significativos para las celebridades en cuestión, pero su naturaleza anecdótica contribuye muy poco a nuestro conocimiento o comprensión de tema tan complejo (aparte de ilustrar cuán difundida está la creencia en la reencarnación o quizá cuán fértil puede ser nuestra imaginación).

Sin embargo, a veces alguna celebridad declara algo que demuestra que sus opiniones están bien fundadas y resultan de una intensa búsqueda espiritual. Judith Durham, cantante del grupo pop de los años sesenta The Seekers, y ahora goza de un regreso como solista, es una firme creyente en la reencarnación. Su esposo Ron Edgeworth murió en 1995 tras años de sufrir de la desgastante enfermedad neuronal motora. "Mi deseo es que ésta haya sido la última vida de Ron y ahora esté con Dios", dijo en entrevista poco después de la muerte de su marido. "Pero también es posible que ahora se encuentre en algún útero. Nos despedimos y no tengo deseos de volver a verlo, aun cuando todavía estoy apegada a él en mi corazón."

¿Qué significa en realidad creer en la reencarnación?

Estas celebridades pueden hablar abiertamente de sus creencias New Age, seguras de que hablar sobre vidas pasadas no perjudicará su carrera más que confesar que recurren a astrólogos y lectores de tarot, o colocan cristales en sitios estratégicos de su casa o cuerpo para fortalecer sus poderes. Hoy casi todo se acepta.

Pero, al menos en Occidente, y cada vez más en el resto del mundo, se nos alienta a pensar por nosotros mismos (derecho negado a millones de personas durante muchos siglos, a quienes Estado o Iglesia decían en qué podían creer y qué no).

Además, es importante valorar que no hay acuerdo universal entre quienes creen en la reencarnación. De hecho, a menudo hay desacuerdos fundamentales acerca de mecánica, frecuencia, selectividad y propósito del renacimiento. La única creencia común es que el alma regresará en otro cuerpo, visión compartida por más de la mitad de la población mundial.

Los cementerios de civilizaciones pasadas testifican que el hombre primitivo creía en una vida póstuma. Los objetos de la vida diaria se enterraban con el difunto para que los usara en la próxima. Con el tiempo cambiaron las ideas acerca de esta vida póstuma y —quizá con base en recuerdos— se introdujo el concepto de reencarnación. Hace unos 4000 años, los egipcios creían que sus faraones iban a reencarnar y, con el tiempo, extenderían esta posibilidad a otras personas. La reencarnación también se menciona en los escritos más antiguos de India —compuestos hace aproximadamente 3500 años— y constituye parte integral de dos de sus religiones principales, hinduismo y budismo. Los hinduistas fueron los primeros en incorporar la creencia hace unos 5 000 años, y aún es un concepto esencial para 500 millones de personas que hoy siguen sus enseñanzas. Muchas de sus ideas se encuentran también en el budismo, que sólo tiene la mitad de antigüedad y hoy cuenta con alrededor de 200 millones de seguidores. Como en el hinduismo, hay muchas versiones del budismo; la principal es la tibetana, dirigida por el Dalai Lama, con renacimiento y karma desempeñando papeles importantes. Los antiguos taoistas chinos aceptaban la idea de reencarnación.

El hinduismo originó el sikhismo y el jainismo en India, ambos aceptan la reencarnación. Así lo hacen la secta mística islámica conocida como los sufíes; la religión drusa de Siria, y ciertas sectas judías que siguen las enseñanzas místicas de la cábala.

En cuanto al cristianismo, no hay duda de que algunos de sus seguidores tempranos eran firmes creyentes del renacimiento. Sin embargo, hoy pocas personas encuentran algún sustento de esto en enseñanzas bíblicas (aunque puede considerarse que algunos textos tienden a aceptar la reencarnación). La razón, dicen creyentes, es que el emperador Justiniano la condenó en un sínodo local en 543 D.C.: la prohibió con otras enseñanzas diez años después en el Segundo Concilio de Constantinopla. El emperador lo hizo al declarar sus "Anatemas contra Orígenes". Orígenes (185-254 D.C.), descrito por san Jerónimo como el más grande maestro de la Iglesia después de los apóstoles, creía que:

> Cada alma... viene a este mundo fortalecida por victorias o debilitada por derrotas de su vida anterior. Su lugar en el mundo, como un barco que se dirige hacia el honor o el deshonor, lo determinan sus méritos o deméritos previos. Su obra en este mundo determinará su lugar en el mundo que le seguirá...

Orígenes sufrió tortura y encarcelamiento por sus ideas: su reputación sufrió más aún tras su muerte, cuando los "Anatemas" del emperador Justiniano convirtieron en pecado creer en la "fabulosa preexistencia de las almas", lo cual forzó a los cristianos a aceptar que cada alma se creaba nueva para entrar en el cuerpo de un recién nacido.

¿Por qué la gente cree en la reencarnación?

Convicciones y actitudes religiosas moldean el pensamiento de muchas personas, aunque recuerdos de vidas pasadas a veces proporcionan bases para creer en la reencarnación. Sin embargo, individuos prominentes que afirman creer en el renacimiento no han expuesto sus razones.

¿Acaso alguna experiencia personal llevó al empresario Henry Ford a declarar: "Creo que estamos aquí ahora, pero después regresaremos... También estoy seguro... de que estamos aquí por un propósito. Y de que seguimos adelante. Mente y memoria, ¿son lo eterno"? Después amplió su visión al decir: "El genio es experiencia. Algunos piensan que es un don o talento, pero es fruto de una larga experiencia en muchas vidas. Algunas almas son más viejas que otras y, por lo tanto, saben más".

El compositor Richard Wagner (1813-1883), entre cuyas obras están *El holandés errante, Tannhäuser* y *El anillo de los Nibelungos,* parece apoyar en la lógica su inquebrantable fe en la reencarnación. Tras haber estudiado el tema a profundidad, declaró que "comparadas con reencarnación y karma, todas las demás visiones parecen insignificantes y estrechas"; y añadió: "No puedo quitarme la vida, pues la voluntad de lograr el propósito del arte me devolvería a ella hasta que lo alcanzara, y así sólo entraría una y otra vez en este ciclo de lágrimas y desdicha".

Quizá fue también la lógica de la reencarnación lo que llevó al compositor Gustav Mahler (1860-1911), nacido en Bohemia y célebre por sinfonías y canciones, a decir a su amigo y biógrafo Richard Specht en 1895:

> Todos regresamos; esta certeza da significado a la vida, sin importar que en una encarnación posterior recordemos o no nuestra vida anterior. Lo que cuenta no es el individuo y su comodidad, sino la gran aspiración hacia lo perfecto y lo puro que se cumple gradualmente en cada encarnación.

Algunos políticos expresan de manera abierta su creencia en la reencarnación — algo que difícilmente les haría ganar votos. Entre ellos se encuentra el liberal David Lloyd George (1863-1945), primer ministro británico de 1916 a 1922. Este hombre, quien puso los cimientos del Estado moderno, dijo: "El Cielo convencional, con sus ángeles en canto perpetuo y demás imágenes típicas, casi me vuelve loco en mi juventud y me convirtió en ateo durante diez años. Mi opinión es que reencarnamos".

Y el conde León Tolstoi (1828-1910), autor de algunas novelas mayores de la historia como *Guerra y paz* y *Anna Karenina*, expresó una visión de la vida eterna que era inusual para su época, pero próxima a corrientes de pensamiento actuales: "...nuestra vida no es sino uno de los sueños de una vida más real, y esto ocurre interminablemente hasta que llegamos a la última y más verdadera de las vidas, la de Dios".

Quizá haya estado influido por experiencias de un pariente lejano, el dramaturgo, novelista, poeta y también conde A.K. Tolstoi (1817-1875), muchos de cuyos poemas fueron musicalizados por Tchaikovsky, Mussorgsky, Rimski-Korsakov y otros: al parecer estaba convencido de haber vivido en Asia en una vida anterior.

De manera similar, Christmas Humphries, fundador de la Sociedad Budista de Inglaterra, no basó por completo su creencia en la reencarnación en las enseñanzas del budismo. Estaba convencido de que lo habían sentenciado a muerte unos 3300 años antes, durante el reinado de Ramses II de Egipto, por hacer el amor con una virgen de Isis, quien había jurado abstenerse de practicar el sexo en honor a dicha diosa.

Pero, en particular, me agrada la visión del profesor C.J. Ducasse (1881-1969), presidente del Departamento de Filosofía de la Universidad Brown, de la Asociación Filosófica Estadounidense y segundo vicepresidente de la Sociedad Estadounidense para la Investigación Psíquica. Dijo en 1958:

> Sea un hecho o no, la supervivencia como pluralidad de vidas en la Tierra [reencarnación] al menos resulta una idea coherente y no incompatible con ninguno de los hechos que conocemos hoy. De todas las concepciones sobre el significado de la vida

humana en la Tierra, sólo la hipótesis de la reencarnación —que considera cada vida humana como si fuese un día en la escuela— tiene sentido. ¿Por qué algunos individuos nacen genios y otros tontos; algunos hermosos y otros feos; y algunos sanos y otros lisiados? El concepto de renacimiento en la Tierra, quizá después de un intervalo en que el individuo extrae toda la sabiduría que sus poderes reflexivos le permiten a partir de los recuerdos de una vida recién terminada, nos da la posibilidad de creer que hay justicia en el universo.

Por último, el filósofo inglés C.D. Broad, profesor de la Universidad de Cambridge, al presentar la decimotercera conferencia en memoria de F.W.H. Myers llamada "Identidad y supervivencia personales", declaró: "Yo diría que, en términos generales, [la reencarnación] me parece la forma más creíble de la doctrina de la supervivencia..." Él sostuvo esta opinión muchos años, tal como lo muestra un pasaje de uno de sus eruditos libros, escrito en 1938. Ahí dice al lector que "la teoría de la preexistencia y pluralidad de vidas debe tomarse muy en serio, como filosofía y como algo que proporciona un motivo razonable para la acción correcta..."

Además de sobresalir en actividades de su elección, lo que todas las personas citadas tienen en común es creer que al llegar a su término esta vida, el alma continúa su viaje en otra dimensión y, entonces, casi con seguridad, regresa a la Tierra en un cuerpo diferente para tener nuevas experiencias y aprender nuevas lecciones. La mayoría tienen una profunda convicción, inspirada por sus propios recuerdos de vidas pasadas o algún conocimiento interior.

Pero, ¿acaso las evidencias de reencarnación son lo bastante sólidas para convencer a quienes no tienen recuerdos conscientes de vidas anteriores? Y, ¿acaso los creyentes en el renacimiento toman en cuenta todas las explicaciones alternativas de sus percepciones, desde el llamado pensamiento deseoso hasta el síndrome del recuerdo falso?

Lee las múltiples historias de casos que siguen y júzgalo tú mismo.

2
Asuntos pendientes

"Éste no es mi hogar"

A pocos años del nacimiento de su hijo Mounzer en 1960, el camionero libanés Kamal Salim Haïdar y su esposa Edma tuvieron un problema. El niño insistía en que lo llamaran Jamil. Ellos preferían el nombre que le habían dado, aun cuando en ocasiones se negaba a responder e él. Al final, el pequeño de tres años renunció a su exigencia, pero la cambió por otra.

"Éste no es mi hogar", les decía Mounzer. "Yo soy del otro lado."

Y mientras decía esto, apuntaba en dirección de las montañas, más allá de Choueifate y pedía que lo llevaran a su verdadero hogar. Hizo esta petición una y otra vez; incluso no comió tres días porque sus padres se la negaron.

Para entonces, Mounzer proporcionaba muchos detalles sobre la persona que decía ser: Jamil Souki, quien vivía en Aley. Reveló que había muerto en una batalla e hizo descripciones gráficas de sucesos en su corta vida y muerte repentina al recibir un balazo en el abdomen. Incluso dijo a su madre que no la soñaba a ella, sino a su madre "Souki".

Los Haïdar eran drusos —miembros de una religión que acepta la reencarnación—, pero estaban seguros de que su pequeño hijo confundía sus recuerdos. Aunque Kamal y Edma no tenían relación directa con la familia Souki, la conocían y tenían la idea de haber vivido en el mismo pueblo que ellos: Choueifate, a 10 kilómetros de Beirut, al este del Aeropuerto Internacional y al pie de las montañas.

Por tal motivo, no intentaron verificar las afirmaciones de Mounzer.

Sin embargo, su actitud hacia recuerdos de vidas pasadas cambió cuando Mounzer visitó a una tía en Beirut, quien contó a una vecina lo que decía su sobrino. Esta mujer resultó ser prima de Jamil Souki, así que de inmediato sacó una fotografía para mostrársela al niño.

"¿Quiénes son?", le preguntó.

"Mi madre y yo", respondió Mounzer.

La fotografía era de Jamil y su madre Wadad. En consecuencia, Mounzer comenzó a visitar con frecuencia a los Souki en Aley, pueblo ubicado entre Beirut y Damasco, a quince kilómetros de su pueblo. Los Souki también lo visitaban en Choueifate. Durante estas reuniones, el pequeño identificó a varias personas y describió sucesos que, como Mounzer, no podría haber conocido.

Jamil Souki se interesó en la política durante su juventud, y se había enrolado en las filas del Partido Popular Sirio (PPS), el cual propugnaba la unión de e Líbano y Siria. Cuando estalló la guerra civil en el verano de 1958, Jamil apoyó al presidente Chamoun. La intervención de la marina estadounidense puso fin a la lucha armada, pero no tan pronto como para salvar la vida de Jamil Souki: murió en batalla el 4 de julio de 1958.

Mounzer Haïdar reconoció a la madre, al hermano menor y a las hermanas de Jamil. Dijo a la familia que ellos se habían mudado desde su muerte, identificó la casa en la que vivieron cuando estaba vivo y reconoció el armario donde se guardaba la ropa de Jamil Souki. En una chaqueta de Jamil el niño encontró tres plumas e insistió en que había otra perdida. Esto era correcto: Ibtysame, hermana de Jamil, la llevó consigo a Venezuela. También identificó cuál de las tres llaves en una cartera era de la maleta de Jamil. Hablando como si fuese Jamil, Mounzer recordó la partida de su hermano Najeeb rumbo a Estados Unidos, cuando fue al muelle a despedirlo. Asimismo dijo a la madre de Jamil que él había escrito una carta pocos días antes de morir, y le preguntó si la había recibido. Y así fue. Y Mounzer recordó que cuando Jamil murió, tenía 31 libras libanesas en su bolsillo. Wadad Souki confirmó la cantidad exacta, pues la tomó del bolsillo de su hijo muerto cuando le devolvieron su ropa. Mounzer sabía incluso que una vez Jamil había atado a su hermano Ghassan a una cama durante un par de horas por haberse portado mal.

Unas veces, Mounzer identificaba a las personas por su nombre. Otras, establecía su relación con Jamil. Se le hicieron pruebas con el fin de ver cuán preciso era para reconocer personas, pero a veces lo hacía de manera espontánea. Por ejemplo, al ver en la calle a un primo de Jamil, Mounzer —ya de cuatro años— corrió hacia la tía y le dijo: "¡Mira! Ahí está Abdullah Abu El Abed". Dos años después ocurrió un incidente similar mientras estaba de visita en Aley. Mounzer se apartó de un grupo de personas, se acercó a un desconocido y le dijo: "Tú eres Ramez". El hombre a quien reconoció era Ramez Kassis, el mejor amigo de Jamil. Otro amigo, Jamil Rishdan Sawaya, quien también estuvo en la batalla de Chamlane, se enteró de lo que decía Mounzer y decidió ponerlo a prueba. Junto con un acompañante, fueron al hogar de los Haïdar en Choueifate, donde ambos se identificaron con nombres falsos y dijeron ser periodistas (la historia de Mounzer ya se había publicado en periódicos, y una revista incluso mostró fotografías suyas en el campo de batalla recreando las acciones de Jamil). Los invitaron a pasar y llamaron a Mounzer para que hablara con ellos. Tan pronto como el pequeño de cinco años los vio, dijo: ¡Oh, Jamil Sawaya", lo abrazó y se sentó junto a él. En otra ocasión, cuando el joven Mounzer asistía a un funeral, se acercó a Arif Souki y le dijo: "Tú eres mi tío Arif".

"¿Por qué dices eso?", preguntó el hombre.

"Yo soy Jamil Souki, tu sobrino, a quien mataron en Chamlane."

Aunque no pudo identificar por nombre a Iffat Zahr, novia de Jamil, su comportamiento mostró sus sentimientos hacia ella. Mounzer tenía nueve años cuando la conoció, y se sentó junto a ella durante la primera visita que hizo a su casa. Se rehusó cuando otras personas le ofrecían comida, pero no cuando ella lo llevó al comedor. Al terminar, Iffat le pidió que le mostrara el saludo especial del Partido Popular Sirio, y Mounzer lo hizo con toda exactitud. También señaló que él —como Jamil— le había dado a ella una fotografía de Antoun Saadeh, líder del PPS, y el emblema del grupo. Sólo familiares cercanos de ella tenían noticia de esos regalos.

Este notable caso es uno de los miles investigados por el profesor de origen canadiense Ian Stevenson, principal experto mundial en reencarnación. Aborda con gran profundidad la historia de Mounzer Haïdar en el tercer volumen de su libro *Cases Suggestive of Reincarnation.* Con ayuda de intérpretes locales, Stevenson comenzó a investigar el caso en marzo de 1968, tres o cuatro años después de que ambas familias se conocieron. Entrevistó a los Haïdar, los Souki y varios testigos.

Aparte los detalles precisos que Mounzer podía dar sobre la vida que recordaba, un aspecto impresionante de este caso —relativamente común en informes sobre reencarnación —era la urgencia tan grande que sentía el pequeño de ver a su familia anterior. Era como si, por haber muerto a temprana edad en el campo de batalla, tuviese una necesidad abrumadora de regresar a esa vida y continuarla donde la había dejado.

"Mounzer visitó varias veces a la familia Souki en Aley, y siguió haciéndolo hasta marzo de 1972, época de mi última visita a Aley", escribe Stevenson. "Él había pasado cinco días con los Souki un mes antes. En verdad le fascinaba visitarlos."

Por desgracia para Mounzer, sus visitas terminaron cuando los Souki emigraron a Venezuela, donde vivía una de sus hijas. Antes de partir, Wadad Souki dio a Mounzer la ropa de Jamil y mantuvo correspondencia con él desde su nuevo hogar en Sudamérica. En ese momento, los recuerdos tan vívidos de su vida como Jamil Souki comenzaron a borrarse —algo típico en estos casos— pero el afecto hacia su familia anterior perduró.

El chico que perdió a su familia

El hecho de que un niño que apenas aprendió a hablar se considere otra persona y pida que lo lleven a donde pertenece, no agrada a su familia. Y no es de sorprender. A menudo se toman diversas medidas para que el niño olvide o acalle sus recuerdos.

Por ello, cuando Prakash Varshnay, de cuatro años y medio, dijo que en verdad se llamaba Nirmal y corrió por la calle con intención de ir a casa de su padre Bholanath, en Kosi Kalan —un pueblo del distrito de Mathura, Uttar Pradesh, en India—, sus padres se inquietaron mucho. Ocurrió cuatro o cinco noches consecutivas hasta que su tío le prometió llevarlo en autobús a Kosi Kalan. Pero abordaron un autobús que iba en dirección opuesta, y Prakash de inmediato dijo a su tío que se habían equivocado. Finalmente, tomaron el camión correcto y llegaron a la tienda de Bholanath Jain, cuyo hijo Nirmal murió a los diez años en abril de 1950, dieciséis meses antes de nacer Prakash. La tienda estaba cerrada y Prakash no la reconoció; regresaron a su casa en Chhatta sin haber visto a nadie, aunque después algunos miembros de la familia Jain se enteraron de su visita.

A pesar del aparente fracaso, Prakash, nacido en agosto de 1951 y ahora de cinco años, siguió insistiendo en que él era Nirmal y exigía su regreso a Kosi Kalan. Se quejaba de la mediocridad de la casa en que vivían, hablaba de las tiendas de su padre y mencionaba nombres de familiares. Con frecuencia lloraba y no comía mientras rogaba que lo llevaran a Kosi Kalan.

Para que olvidara estos recuerdos, sus padres dieron vueltas en sentido contrario a las manecillas del reloj sobre un torno de alfarero, pues según la tradición esto debilita recuerdos de vidas anteriores. Como no funcionó, le pegaron.

Prakash tenía diez años cuando Jagdish Jain —uno de los hijos más jóvenes de Bholanath que había regresado a Kosi Kalan tras vivir en Delhi— se enteró de las afirmaciones del chico. Poco después, Bholanath fue a Chhatta en compañía de su hija

Memo, y decidió conocer al joven que decía ser la reencarnación de su hijo fallecido. Prakash lo reconoció y lo llamó padre. También dijo que quien acompañaba a Bholanath era su hermana Vimla. No era así, pero curiosamente Memo no había nacido cuando Nirmal Jain murió. Sin embargo, sí tenía entonces una hermana llamada Vimla, más o menos de la edad de Memo. Cuando Bholanath y su hija partieron de Chhatta, Prakash los acompañó a la terminal de autobuses y les rogó inútilmente que lo llevaran con ellos. A los pocos días, la madre de Nirmal, su hermana mayor Tara y su hermano Devendra, impresionados por lo que habían escuchado, visitaron a Prakash, quien lloró de alegría al ver a Tara y rogó a su padre que le permitiese regresar a Kosi Kalan. Pero una vez más su petición fue rechazada.

Al final, la familia Jain convenció a los padres de Prakash que lo dejaran visitar su pueblo y, cuando llegó, fue él quien reconoció el camino desde la terminal hasta la casa de los Jain. Ahí, reconoció al otro hermano de Nirmal, a varios parientes y vecinos, además de identificar la alcoba de éste y la habitación a donde lo cambiaron poco antes de morir de varicela.

Para entonces, la situación empezó a crear tensión entre ambas familias y algunos miembros de los Varshnay estaban convencidos de que los Jain tratarían de adoptar a Prakash. La hostilidad alcanzó su punto más álgido cuando los Varshnay decidieron suspender las visitas. No obstante, las dos familias resolvieron sus diferencias, intercambiaron regalos y, al final, los Varshnay volvieron a permitir al niño que visitara a los Jain.

Aunque la familia de Prakash pensaba que había dejado de visitar a los Jain en 1964 cuando llegó a la adolescencia, era claro que aún creía tener asuntos pendientes con su familia anterior. Iba a Kosi Kalan una o dos veces al mes, cuando los padres de Nirmal ya habían muerto, sobre todo para visitar a Jagdish Jain, hermano mayor de Nirmal, con quien había establecido amistad.

Los críticos suelen preguntar por qué estos casos siempre provienen del Lejano o Medio Oriente. Pero —como demuestra este libro— no es así. Es cierto que culturas de ciertos países predisponen a las familias a aceptar afirmaciones de niños que dicen recordar vidas pasadas. Por otro lado, como vimos con los Varshnay, creer en la reencarnación no siempre significa fomentar tales afirmaciones de un niño.

Jenny Cockell. Madre de los hijos del ayer

Un caso reciente y notable de "asuntos pendientes" proviene de Inglaterra. Desde su más temprana niñez, Jenny Cockell recordaba una vida anterior en Irlanda, donde era una mujer llamada Mary. Aunque en su mayoría tales recuerdos se debilitan con el paso del tiempo, en el suyo siempre permanecieron vívidos, de modo que consultó a un hipnotizador para que la ayudara a completar su rompecabezas.

Era ama de casa en Northamptonshire con dos hijos cuando, en gran medida gracias a su propia labor, identificó el pueblo irlandés de Malahide como el lugar donde había vivido. También sabía que en esa vida tuvo ocho hijos, y había muerto en el hospital tras dar a luz al último, una niña.

Jenny Cockell cuenta esa historia en un libro exitoso a nivel internacional, publicado en Reino Unido con el nombre de *Yesterday's Children*, pocas semanas antes de que yo iniciara la publicación de *Reincarnation International Magazine*. Fue una coincidencia muy oportuna, pues me permitió hacerle una entrevista y escribir una reseña de su libro en el primer número de la revista, así como demostrar que casos convincentes de reencarnación no se limitan al Lejano Oriente. Desde entonces me he reunido con ella y Sonny —hijo mayor en su vida anterior— en diversas ocasiones; sobre todo en estudios de televisión, donde se les invita a hablar sobre renacimiento, y nunca deja de impresionarme el enfoque tan directo y convencido que tienen hacia su notable historia.

Uno de los aspectos más impresionantes de este caso ocurrió después de publicar su libro. Jenny había revelado que la mujer cuya vida recordaba era Mary Sutton, quien había tenido ocho hijos. Tras su muerte el esposo —alcohólico violento— fue incapaz de hacerse cargo de sus hijos, y todos menos Sonny, el primogénito, habían sido enviados a hogares adoptivos. Los hermanos se reencontraron muchos años después, cuando Jenny terminó su libro y estaba por publicarlo: los supervivientes de la familia se reunieron para conocerse y conocer a Jenny Cockell, la mujer cuyos recuerdos de su vida anterior fueron decisivos para dicha reunión. Por increíble que parezca, dos hijos de Mary Sutton descubrieron que habían vivido a pocas millas uno del otro sin saber que eran hermanos.

Sonny apoya de manera más abierta las afirmaciones de Jenny Cockell, y durante una de nuestras reuniones le pregunté qué tanto se parece Jenny a su madre. (Aunque hay ciertas similitudes en su apariencia, de ningún modo podría decirse que se parecen.) La respuesta inmediata de Sonny fue: "Puedo ver a mi madre en sus ojos". Lo que le confirmó esto, apenas conoció a Jenny, fue que podía relatarle incidentes ocurridos cuando él era joven, los cuales nadie más podría haber conocido. Por ejemplo, le habló del día en que los niños la llamaron porque encontraron un animal en una trampa. También recordaba la ocasión en que esperaba un bote, aunque no por qué. Sonny sabía la respuesta: lo esperaba a él. Solían mandarlo en bote a una isla donde era caddy en un campo de golf.

Cada vez que iba, su madre lo esperaba en el muelle.

Ahora que logró reunir a la familia de su vida anterior, Jenny ha perdido el sentimiento de tener un asunto pendiente, que la persiguió desde su infancia. Su misión se ha cumplido, pero su mente despierta y su curiosidad natural la llevaron a indagar más en el tema de la reencarnación —suya y de otras personas—, además de sus implicaciones.

El pequeño monje

Antes de aprender hablar, Duminda Bandara Ratnayake desconcertó a sus padres con su comportamiento. Se colocaba un pequeño trozo de tela sobre un hombro y lo llevaba como los monjes de Sri Lanka portan sus túnicas. No fue una fase pasajera, pues tan pronto como habló, sus únicos "juguetes" eran una túnica y un abanico.

Sus padres, pareja de budistas cingaleses que poseían una granja avícola, pudieron pensar al principio que el niño sólo imitaba a algún monje. Pero en cuanto habló, Duminda mostró que sus actitudes tenían raíces más profundas.

En 1987, a los tres años, dijo a sus padres que antes de nacer había sido abad del templo y monasterio de Asgiriya, en Kandy, uno de los centros religiosos más grandes y antiguos de Sri Lanka: sus monjes y los del templo de Malwatta tienen el privilegio de cuidar del templo de Tooth, importante sitio de peregrinaje del budismo Theravada.

Duminda explicó que, cuando adoctrinaba a otros monjes en Asgiriya, de repente sufrió un dolor en el pecho y cayó al piso. Los monjes lo llevaron al hospital, donde murió. Al recordar sus últimos momentos en esa vida, Duminda utilizó de manera correcta el término *apawathwuna*, relacionado con la muerte de un monje. A partir de ese momento, insistió a sus padres no lo llamaran por el nombre que le habían dado, sino "Podi Sadhu", pequeño monje.

Además, empezó a comportarse como monje. Día y noche visitaba una capilla budista cerca de su casa, cortaba flores para llevarlas ahí y las acomodaba a la manera budista. Andaba siempre pulcro, no jugaba con otros niños e irradiaba un aire de calma y tranquilidad. Incluso recitaba escrituras sagradas. No sólo conocía esas oraciones o versos religiosos, que no le habían enseñado en casa, sino que los recitaba como hacen los monjes, y en lengua pali, antiguo idioma del budismo cingalés que aún aprenden los monjes.

Decía a su madre que deseaba convertirse en monje, pero ella no le permitía usar túnicas, salvo en ciertas ocasiones. Al final, buscó la ayuda del venerable Iriyagama Jinasara, monje de un templo cercano, quien se entrevistó con ella y el niño, de poco más de tres años, a mediados de 1987. Quizá debido a su corta edad, Duminda no respondía a las preguntas del monje. Pero al preguntarle qué quería, pidió un abanico. Este objeto es importante en los rituales de los monjes, y tan pronto lo recibió, lo sostuvo frente a su cara de manera tradicional y recitó una oración budista. En opinión de Iriyagama Jinasara, el niño no pudo aprender esto en casa.

Con base en lo que había visto, el monje aconsejó a la madre que lo llevara al monasterio de Asgiriya, lo cual hizo acompañada por los abuelos de Duminda. Oliver D. Silva, reportero del periódico *Island* quien había escuchado sobre el caso, también fue testigo de la visita. Sin embargo, esto proporcionó muy poca información y no generó ningún recuerdo nuevo.

En realidad, las declaraciones más sorprendentes que Duminda hizo acerca de su vida previa no se relacionaban con asuntos religiosos, y aunque eran bastante inusuales, demostraron ser correctas. Dijo que tuvo un auto rojo y un elefante, y extrañaba su monedero y su radio.

En ningún momento dio el nombre de la persona que había sido en su vida anterior, lo cual llevó al periodista a realizar su propia investigación. En ella, concluyó que se trataba del venerable Rathanapala, monje principal muerto de un infarto en 1975, en las afueras de Asgiriya. No estuvo de acuerdo el profesor Erlendur Haraldson, de los principales parapsicólogos y expertos en investigaciones sobre reencarnación, quien trabaja en el Departamento de Psicología de la Universidad de Islandia, en Reykiavik. Fue a Sri Lanka y entrevistó al niño y su familia en septiembre de 1988, cuando Duminda tenía cuatro años, y luego se dirigió al templo de Asgiriya para discutir el caso con los monjes. Hizo otras visitas a Sri Lanka en 1989 y 1990 para terminar su estudio, pero entonces los recuerdos de Duminda habían comenzado a desvanecerse y cambió su conducta.

En un informe de su investigación aparecido en la gaceta *Journal of Scientific Exploration* (vol. 5, núm. 2, 1991), el profesor Haraldson explica por qué pensó que el periodista se equivocaba al identificar al venerable Rathanapala como el monje que Duminda había sido en su vida pasada:

Gracias a tres monjes que conocieron al venerable Rathanapala, nos enteramos de que no había poseído auto rojo ni elefante, no tenía ingresos personales (por lo tanto tampoco monedero), no predicaba (así, no usaba el abanico), no tenía conexiones con el templo de Malwatta y, además, se le conocía por su interés en la política. Por ello se excluyó como candidato de las declaraciones de Duminda.

El profesor Haraldson propuso otros posibles candidatos, pero sólo uno había poseído un auto rojo: Gunnepana Saranankara, quien había estado en Asgiriya ocho años antes de morir en 1929. Aunque no tenía radio, fue el único abad que alguna vez tuvo gramófono. Sin embargo, no murió en el hospital, como había dicho Duminda, sino en el templo de Asgiriya. Después, el profesor y su intérprete mostraron a Duminda una fotografía muy vieja en la que aparece un grupo de personas en el monasterio, y le preguntaron si reconocía a alguien. Señaló a una de las personas y dijo: "Éste era yo". En aquel momento no conocían la identidad de ninguna de las personas en la foto, pero después dos viejos monjes que conocieron bien al grupo, confirmaron que Duminda había identificado a Gunnepana Saranankara.

Es verdad que el intervalo entre la muerte del monje en 1929 y su renacimiento como Duminda en 1984 es muy largo, y es posible que haya experimentado una encarnación intermedia. Lo cierto es que él parece haber regresado con la sensación de tener un asunto pendiente. Es como si el infarto que lo mató en su vida anterior le hubiese impedido enseñar y predicar como quería y, ahora, en su nueva vida, estuviese decidido a retomar su actividad donde la dejó.

"Cuando volvimos a ver a la familia en 1990," informa el profesor Haraldson, "su madre había accedido a sus deseos y él iba a entrar al monasterio al año siguiente, cuando cumpliese la edad mínima requerida."

Estos casos nos recuerdan que, por más rigurosos que debamos ser al recopilar y analizar la información, aún hablamos sobre personas reales que a menudo se sienten frustradas o enojadas por haber abandonado su vida anterior antes de lo esperado, y sienten una imperiosa necesidad de hacer algo al respecto. En tales personas, la emoción dominante al morir en esa vida debió ser un gran enojo al ver que sus esperanzas no se cumplirían; culpa por separarse de personas que dependían de ellos; deseo de regresar a la vida en circunstancias diferentes. Quizá ello explique por qué estos individuos tienen recuerdos tan vivos de sus vidas pasadas, mientras la mayoría de nosotros nos alegramos de permanecer inconscientes de dramas, decepciones y logros de encarnaciones previas.

3
Reuniones

El hijo de su padre

Si la historia de Aiz Nouhad Abu Rokon se ofreciera a Hollywood, es probable que fuese rechazada por increíble. Sin embargo, la experiencia tan notable y bien documentada de Aiz muestra que los hechos de reencarnación a menudo son más extraños que la ficción, además de motivar complicaciones en las relaciones familiares.

Supe de este caso en 1995 por mi buena amiga Rona Hart, quien trabaja para el Consejo de Representantes Judíos en Londres. Rona también es corresponsal de mi revista: observa la cobertura de los medios acerca de la reencarnación e informa sobre los mejores ejemplos. Acababa de leer en el *Jerusalem Post* un artículo de Sue Fishkoff que incluía informes detallados de renacimientos entre los drusos, y entre ellos el de Aiz Nouhad era sólo uno.

Hablé de inmediato al periódico, y quedé encantado cuando nos dieron permiso de reproducir el artículo entero en nuestras columnas. El fotógrafo Roni Sofer, cuyas imágenes ilustran el relato, fue igual de considerado. Aunque todos los casos merecerían incluirse en este libro, me limitaré al de Aiz.

Desde temprana edad hablaba de su vida anterior. Por ejemplo, a los tres años y medio dijo a sus padres que su nombre había sido Ali Badawi, camionero que vivía en Hatzbiya en el sur de Líbano. Como ellos eran drusos, aceptaron las declaraciones de su hijo, aunque no hicieron nada para corroborar el relato. Pero los hechos pronto se confabularon para reunir a ambas familias de Aiz: de su vida actual y de la pasada. En 1982, cuando Aiz tenía seis años, vio a una mujer de edad madura en las calles de Usfiya, donde vivía. Fue directo hacia ella y declaró: "Tú eres Nebiya, mi esposa". Después relató a la asombrada mujer la muerte de su esposo en un camino rural cubierto de nieve cerca de Baalbek, en febrero de 1975. Recordaba con claridad, como Ali Badawi, que conducía solo cuando fue detenido por un par de ladrones que le pedían dinero y vehículo. Ali se rehusó a dárselos. Le dispararon en un hombro y el estómago, y lo enterraron a un lado del camino.

No es necesario decir que Nebiya Badawi — quien visitaba a unos parientes en Usfiya cuando Aiz la reconoció— quedó impresionada por las declaraciones del niño y se mantuvo en contacto con él y su familia tras su regreso a Líbano. Pasaron siete años antes de que volvieran a encontrarse. En 1982, por invitación de Nebiya, Aiz de trece años visitó el hogar que había tenido en su vida previa. La voz le tiembla y los ojos se le llenan de lágrimas cuando rememora la ocasión:

> Me coloqué en las escaleras de la entrada y llamé a mi hija Leena, quien tenía cinco años cuando fallecí. Entré a la casa y reconocí todo. Fui al armario y busqué mi ropa y todos mis pequeños tesoros. Todo era como yo lo recordaba, y la familia estaba increíblemente conmovida por verme de nuevo.

Nebiya y su familia aceptaron a Aiz como reencarnación de Ali y lo visitaron con regularidad. De hecho, tres años después, cuando la hija de su vida anterior se casó, fue Aiz — ahora de dieciséis años — quien tomó el lugar de su padre durante la ceremonia. Una reacción obvia, claro está, pues así es como ellas lo consideraban.

En 1995 Aiz se casó con una joven drusa oriunda del mismo pueblo que Ali Badawi y la llevó a vivir a Usfiya. Ahí, en las paredes de su hogar, exhiben con orgullo fotografías de Ali con más de veinte años de antigüedad, junto con recientes a color de Aiz adolescente con los hijos de Ali, Nassim, Leena y Wassim, quienes en 1995 tenían 30, 28 y 27 años, respectivamente. Una reciente de la colección es de una niña de dos años, la primera nieta de Ali, hombre de diecinueve años. Pero la historia no termina ahí.

Un año después de que Aiz hizo su primera visita a la familia Badawi en Líbano, falleció su padre. Nahoud Abu Rokon, soldado de las Fuerzas Israelíes de Defensa, fue asesinado en forma trágica el 1 de noviembre de 1983. Tres años después, un chiquillo llamado Abid Abuassi se presentó en casa de los Rokon en Usfiya, señaló una fotografía de Nahoud tomada poco antes de su muerte y dijo a Aiz: "Yo soy tu padre".

La madre de Adib, Nabilla Abuasi, se dio cuenta de que podía recordar vidas pasadas desde que comenzó a hablar. Así, preguntaría constantemente por alguien llamado Aiz.

"Yo pensaba que se trataba de un chico que vive en nuestro pueblo de Shfaram, pero cuando lo trajimos a la casa, Adib dijo que no era el Aiz que buscaba. Afirmó: 'Mi tía Efat conoce a mi Aiz.'"

Nabilla habló con su hermana Efat, maestra en Usfiya, quien dijo que tenía un alumno llamado Aiz Abu Rokon. Entonces Nabilla llamó a la familia del muchacho para indagar. Tan pronto como logró comunicarse, el pequeño Adib le arrebató el teléfono de la mano y gritó al auricular que quería hablar con Aiz de inmediato. Se acordó que los Abuassi visitaran el hogar de los Abu Rokon.

"Adib estuvo muy emocionado durante todo nuestro trayecto al hogar de los Abu Rokon", recuerda su padre Kamal. "Nos dijo con toda exactitud cómo llegar a la casa."

Cuando lo hicieron no sólo entró de inmediato e identificó toda su ropa en el armario, sino que dijo a la madre de Aiz que llevaba un cigarrillo en el bolsillo de la chaqueta cuando murió. Revisó la chaqueta y, en efecto, ahí estaba ese único cigarrillo. Adib también fue capaz de hacer un relato gráfico de cómo había muerto en su vida anterior:

> Mi unidad buscaba un edificio en Tzur, Líbano. Mi mejor amigo Sayid entró en él y yo permanecí fuera para vigilar. De repente algo explotó en el edificio, alguna clase de bomba. Recuerdo que yacía en el suelo y miraba a Sayid. Había una enorme roca sobre su cuerpo y estaba bañado en sangre. Recuerdo que grité: "¡Sayid, Sayid! ¡Por favor no mueras!" No recuerdo nada más.

Pese a tener el hábito de fumar en su vida anterior, el pequeño Adib amonestaba a su hijo Aiz cuando encendía un cigarrillo. "No fumes demasiado", le dice. Aiz, el adulto, frunce el ceño, se encoge de hombros... y lo apaga, pues ambos aún se relacionaban como padre e hijo.

Por ejemplo, Adib y Aiz recuerdan que en una ocasión, cuando tenían tres y doce años, Aiz respondió en forma grosera a su madre (la esposa de Adib en su vida previa). La reacción del chiquillo fue abofetear a su hijo. Al ver esto en retrospectiva, Aiz admite: "Yo lo merecía", y añade: "Sentía que, como él era mi padre, tenía el derecho de hacerlo".

En su informe sobre este caso, Sue Fishkoff hizo los siguientes comentarios respecto a las complicadas relaciones desarrolladas como resultado de los recuerdos de reencarnación de ambos chicos:

> Nabilla y Kamal buscan tomar la relación de Aiz y Adib con naturalidad. Ven a Aiz como a otro hijo, no como un nieto y, aunque no están seguros de la posición que la madre de Aiz ocupa en su árbol genealógico, la consideran parte de la familia. Y no temen admitir que creen en las historias de ambos chicos. "¿Cómo podrías explicar que un niño de dos años y medio que puede conducirnos directo a una casa de un pueblo donde nunca ha estado, vaya a un armario y saque ropa de otro hombre como si fuese suya, reconozca amigos por su nombre antes de conocerlos, y vea una foto de él mismo con su esposa en el Golán y sepa la fecha en que se tomó?", se pregunta Kamal. "Éstos son sólo hechos. ¿Puedes explicarlos?"

La pequeña madre

En la mayoría de los casos de reunión familiar, es difícil recurrir al razonamiento científico para corroborar hechos: amigos y familiares se ven arrastrados por una ola de curiosidad y emoción que excluye registrar sus declaraciones con cuidado mientras las hacen y antes de que se les hayan confirmado. Por lo tanto, al evaluar su credibilidad, debemos ser conscientes de que tal vez hayan dramatizado su relato de la historia de manera inconsciente. Sin embargo, en bastantes casos los investigadores han podido iniciar su trabajo y hacer registros adecuados, antes de que ambas familias se reúnan o poco tiempo después.

Un caso típico es el de una niña nacida en la vieja Delhi, antigua capital de India, en 1926. Kumari Shanti Devi deleitaba a sus padres al hablarles sobre su esposo y sus hijos cuando sólo tenía tres años. Al principio tomaron estas palabras infantiles como señal de que su hija se casaría muy joven. Pero cuando se madre le preguntó quién era su esposo, Shanti Devi respondió sin dudar:

> Kedarnath. Vive en Muttra. Nuestra casa es de color amarillo estuco con grandes puertas arqueadas y ventanas enrejadas. Nuestro patio es grande y lleno de caléndulas y jazmines. Hay grandes enramados de buganvillas que trepan sobre la casa. A menudo nos sentamos en la terraza y vemos a nuestro pequeño hijo jugar en el piso de azulejos. Nuestros hijos aún están ahí con su padre.

Sus padres comenzaron a preocuparse por lo que decía y decidieron buscar ayuda. El doctor Reddy, médico de la familia, les aseguró que era probable que Shanti Devi fuese una chica brillante que sólo buscaba llamar la atención; que la haría admitir que sus relatos eran fantasía. Pero no fue así.

En respuesta a las preguntas del doctor, reveló que su antiguo nombre era Ludgi y había muerto durante un parto. "Fue un embarazo muy difícil desde el principio", explicó. "No me había sentido bien, y cuando me enteré de que estaba encinta, me pregunté si estaba lista para tener al bebé. Cada día me sentía peor y cuando llegó el bebé se me atendió mal. Él sobrevivió pero el parto me mató."

Shanti Devi se retiró del consultorio acompañada por una enfermera mientras sus padres y el doctor discutían. Concordaron en que era imposible que una única hija entendiera con tal detalle los aspectos mentales y físicos de un embarazo difícil. Pero el doctor no pudo ofrecer ningún remedio médico para erradicar los recuerdos, que permanecieron durante los siguientes cuatro años, mientras los padres la llevaban de un médico a otro.

Fue hasta 1934, cuando Shanti contaba ocho años, que se empezó a tomar muy en serio su historia. Por fortuna, el profesor Kishen Chand, tío abuelo suyo, decidió verificar los hechos con mucho cuidado. Comenzó por enviar una carta a la dirección en Muttra que Shanti había mencionado con frecuencia, preguntando si acaso vivía ahí un hombre llamado Kedarnath, quien había perdido a una esposa en 1925.

El contenido de la carta sorprendió al hombre que la recibió y abrió, llamado Kedarnath, cuya esposa Ludgi había muerto justo el año mencionado y quien aún estaba afligido por su pérdida. Pero a pesar de ser hinduista muy devoto, le costó trabajo creer que su esposa hubiese renacido. En cambio, pensó que se trataba de un plan para robar en su propiedad, de modo que pidió a un primo suyo llamado Lal, quien vivía en Delhi, que se entrevistara con Shanti y su familia. Lo hizo de manera que pareciese que deseaba hacer negocios con el señor Devi, y la familia no se percató de la conexión entre ese hombre y el contenido de la carta enviada.

Shanti, entonces de nueve años, ayudaba a su madre en la cocina cuando llegó el señor Lal. Corrió a abrir la puerta, se escuchó un grito y su madre salió para ver qué ocurría: descubrió que su hija se había arrojado en brazos del sorprendido visitante y sollozaba. "Madre," explicó, "¡este hombre es primo de mi esposo! Vivía cerca de nosotros en Mutra y luego vino a vivir a Delhi. ¡Estoy muy feliz de verlo! Invitémoslo a pasar. Quiero saber sobre mi esposo y mis hijos". En ese momento el padre de Shanti llegó a casa, entraron los cuatro y, de este modo, el señor Lal pudo confirmar lo que la niña había dicho a lo largo de los años. Luego llamaron al profesor Chand para que se les uniera y decidieron que el siguiente paso sería invitar a Kedarnath y al hijo predilecto de Ludgi a Delhi para reunirse con los Devi.

El comportamiento de Shanti cuando llegaron fue revelador. Trató de levantar a su hijo, quien era mucho más grande que ella, y lo llenó de besos. También lo llamó con sus propios motes de cariño. Luego agasajó a Kedarnath con galletas y queso de manera tan respetuosa y típica de Ludgi que los ojos de Kedarnath se llenaron de lágrimas. Al ver esto, intentó consolarlo y utilizó frases amorosas que sólo él y su esposa conocían. Sin embargo, rechazó la petición de los Devi de dejar a su hijo con ellos y todo el episodio lo inquietó.

Las noticias de este encuentro llegaron a oídos de Desh Bandu Gupta, presidente de la Asociación de Periódicos de Toda India y miembro del parlamento, quien decidió que era imperativo investigar el caso a fondo. Hizo los preparativos para que Shanti y sus padres viajaran a Muttra en compañía de él mismo, un abogado llamado Tara C. Mathur y un contingente de estudiosos, científicos, reporteros y ciudadanos educados.

Mientras el tren llegaba a la estación, Shanti dejó escapar un chillido de gozo y saludó a varias personas, identificadas correctamente, entre quienes se encontraban madre y hermano de su esposo. Y cuando bajó del tren y habló con ellos, no utilizó la lengua hindi aprendida en Delhi, sino el dialecto del distrito de Muttra. El comité científico se congregó en carruajes que esperaban la mayor prueba de todas: ver si Shantí podía guiarlos al hogar de Ludgi. La niña dio algunas indicaciones, se detuvo sólo dos veces cuando no estuvo segura, y al final la procesión paró cuando ella les dijo que lo hicieran. "Ésta es la casa", declaró, "pero ahora es de distinto color. Cuando yo vivía aquí era amarilla; ahora es blanca".

Era cierto. Era el hogar que Ludgi había compartido con Kedarnath, pero del que él y sus hijos se habían mudado tras la muerte de ella. Entonces se le condujo hasta el domicilio actual de Kedarnath y de inmediato identificó y nombró a dos de sus hijos, pero no al niño cuyo nacimiento había costado la vida a Ludgi. Después, el comité llevó a Shanti Devi a visitar a la madre de Ludgi, anciana bastante confundida y aterrada de confrontar a una chiquilla que actuaba y hablaba como su hija, y sabía cosas que sólo Ludgi conocía. Shanti dijo a Desh Gupta que en aquella propiedad solía haber un pozo, y cuando cavó en el punto indicado, lo encontró cubierto de maderos y tierra. Kedarnath le preguntó qué había hecho Ludgi con varios anillos que escondió poco antes de su muerte. Respondió que estaban enterrados en una olla en un jardín de la vieja casa, y el comité investigador los halló.

Como era de esperarse, este caso despertó mucho interés. Se juntaban multitudes afuera de las casas de Shanti y Kedarnath, y la historia dio la vuelta al mundo. Pero nada ayudó a Shanti Devi a resolver su situación. Le era imposible regresar con su esposo de la vida anterior —quien mostraba más desconfianza que afecto— y tampoco podía hacerse cargo de sus hijos. En cambio, por consejo de otras personas, aprendió a controlar su amor por la familia en Muttra y se distanció de ellos.

En 1958, casi un cuarto de siglo después de los sucesos relatados, un periodista descubrió que Shanti llevaba una vida tranquila en Delhi como empleada del gobierno. Pero ella se rehusó a dar más información sobre el caso.

"No deseo revivir mi pasado, ni el de esta vida ni el de mi existencia previa en Muttra", explicó. "Me ha sido muy difícil enterrar mi deseo de volver con mi familia. No quiero abrir de nuevo esa puerta."

Como veremos en capítulos posteriores, es un problema que a muchas personas les ha costado resolver, y una de las razones de que la mayoría de nosotros debamos agradecer no tener estos recuerdos.

La hija que regresó

La reunión entre una hija reencarnada y su madre tuvo lugar en Sudáfrica después de que Uvashnee Rattan, niña hindú que vivía con sus padres en Lotusville, en las afueras de Verulam, acompañó a su padre al suburbio vecino de New Glasgow. Jugdees Rattan debía entregar una carga de arena en una casa de aquel vecindario, y llevó a Uvashnee y a sus otros dos hijos. De alguna manera, el hecho de ver la casa pareció desencadenar recuerdos de vidas pasadas en la pequeña.

Al regresar a casa, corrió con su madre y declaró: "Mamá, mamá, yo me llamo Sudima y vivía en la casa de Kemla que está en New Glasgow. Se encuentra a los pies de una colina empinada. Es de color azulado y adentro hay maderos..." También dijo que su otra familia sólo comía curry y roti de papa, pero no carne, frente a su otra casa hubo alguna vez un pozo y, junto a éste, un río donde solían lavar su ropa.

Su madre le preguntó por qué ya no estaba con esa otra familia.

"Porque enfermé y morí. Tuve un dolor de estómago muy fuerte y morí. Bueno, ellos pensaron que estaba muerta, pero sólo dormía."

La madre de Uvashnee decidió averiguar qué había de cierto en lo dicho por su hija. Sospechaba que quizá la niña vio a alguien en aquella casa cuando su esposo entregó la arena y eso la había llevado a crear la historia. Llamó a la casa y habló con la abuela materna de Jemla, quien le dijo que no conocía a nadie que se llamara Sudima. Pero cuando la otra familia se enteró de la conversación, invitaron a la señora Rattan y a su hija para que los visitara. Cuando llegaron, había varios invitados, y a Uvashnee se le hicieron varias preguntas que respondió de manera cabal y sin titubear. Entonces sucedió algo extraordinario. Jugdees Rattan narra la historia:

En ese momento, Uvashnee estaba sentada en los muslos de mi esposa. Yo señalé una bandeja de dulces cerca de ella y le dije: "Uvashnee, da algunos dulces a tu madre". Yo esperaba que ella tomara algunos, diese la vuelta y los diera a mi mujer, pero lo que hizo fue bajar de sus muslos, tomar dulces de la bandeja y darlos a una anciana, la señora Baghwandeen, sentada en el extremo opuesto de la sala. La mujer comenzó a llorar. Ella tomó los dulces que le dio Uvashnee, la subió en sus muslos y la besó. Dijo que lloraba por su hija, Anishta, quien había muerto de disentería veinte años atrás, cuando tenía nueve. Anishta sólo había estado enferma por un día y nadie pudo hacer nada por ella. Luego explicó que aunque el nombre de su hija era Anishta, tenía otro que le dio un sacerdote al nacer, de acuerdo con la costumbre hindú: su nombre sacerdotal era Sudima.

Este caso fue investigado por los profesores David Scott-McNab y John Poynton, expertos en psiquismo, quienes concluyeron que las afirmaciones de Uvashnee eran verídicas.

"Uvashnee posee información que no pudo adquirir mediante sus sentidos normales", concluyeron.

"Se trata de un caso clásico y claro de recuerdos de una evidente existencia anterior."

La historia tuvo un giro inusual que sugiere que los niños con tales recuerdos a veces también pueden mostrar sensibilidad psíquica hacia los miembros de su familia anterior. En 1975, Uvashnee declaró: "Fíjate que me siento muy triste por mi otra mamá. Va a morir muy pronto". A los pocos días, la señora Baghwandeen falleció tras un periodo de enfermedad, pero dejó a Uvashnee con el recuerdo de su breve y feliz reunión.

4
Todo queda en familia

Hija infeliz, hijo infeliz

Durante su corta vida, Emilia Lorenz fue un alma atormentada. Sus diecinueve años en la tierra a menudo se vieron ensombrecidos por conflictos interiores que confundían a su familia. Lo que más deseaba era libertad, pero como mujer brasileña, le era difícil alcanzarla. Expresó a sus hermanos y hermanas su insatisfacción ante el hecho de ser mujer y les dijo que, si acaso existía la reencarnación, regresaría como hombre. Emilia, nacida en Brasil el 4 de febrero de 1902, dijo también que esperaba morir soltera, y se aseguró de ello al rechazar varias propuestas matrimoniales. Su única pasión parecía ser la costura, habilidad que sólo ella dominaba a la perfección en su familia. De hecho, su destreza con la aguja era tal, que le compraron una máquina de coser.

Sin embargo, la extrema infelicidad de Emilia con su vida culminó en varios intentos de suicidio. Se vio forzada a beber grandes cantidades de leche como antídoto contra el arsénico que ingirió en una ocasión. Finalmente, su vida acabó el 21 de octubre de 1921, poco después de tomar cianuro.

Al poco tiempo, Ida Lorenz, madre de Emilia, comenzó a recibir mensajes de su hija en reuniones espiritistas. Le decía que se arrepentía de su suicidio y quería volver a nacer de su madre. "Mamá, tómame como a tu hijo. Volveré como tu hijo," le decía.

El primer retoño de los Lorenz había sido un niño, Emilio, quien murió muy pequeño. Emilia —nombrada así en su honor— fue su segundo hijo. Cuando ella se suicidó, Ida Lorenz había dado a luz otros diez vástagos y no esperaba volver a embarazarse. Pero volvió a concebir, y su decimotercer hijo, niño llamado Paulo, nació el 3 de febrero de 1923.

Paulo Lorenz era un niño poco común. Desde que pudo expresar sus sentimientos, se negó a usar ropa de niño. Le gustaba la de niña o andaba desnudo. Igual jugar con niñas y muñecas, mostraba gran habilidad para la costura y en varias ocasiones dijo identificarse con Emilia. Incluso aseguró a algunas de sus hermanas que era una niña. Fue hasta que alguien le hizo unos pantalones con una falda que había pertenecido a Emilia, cuando tenía cuatro o cinco años, que Paulo comenzó a entusiasmarse con la idea de usar ropa de niño y, poco a poco, su masculinidad empezó a afirmarse. Se percató de cómo habían hecho sus pantalones y comentó: "¿Quién habría dicho que, después de hacer una falda con este material, un día me lo pondría como pantalones?".

Poco a poco, la familia observó otros rasgos que sugerían que Paulo era la reencarnación de su hermana. El más importante era su extraordinario talento para la costura. Por ejemplo, cuando era aún pequeño, vio una vez que una de las criadas de la familia usaba con torpeza la máquina de coser. Paulo la hizo a un lado, le mostró cómo funcionaba y procedió a concluir la demostración haciendo una pequeña bolsa. Cuando tenía cuatro años, vio que su hermana Florzinha tenía problemas para ensartar el hilo en la máquina y le enseñó a hacerlo. Otra hermana, Marta, dejó un bordado inconcluso en la máquina y Paulo lo terminó. Cuando todo esto ocurrió, nadie le había dado aún lección alguna sobre cómo usar la máquina. Se le preguntó cómo podía hacer tales cosas y sólo respondió: "Yo ya sabía coser". Sin embargo, conforme crecía, fue perdiendo su amor por la costura, y pronto la habilidad de sus hermanas superó la suya.

Curiosamente, Paulo también tenía fobia a la leche y se negó a beberla durante toda su vida. Esto también ocurría a Emilia, aunque sólo durante sus últimos años y quizá debido a que se vio forzada a beberla en grandes cantidades tras su intento de suicidio.

Para 1962, cuando Paulo Lorenz tenía 39 años, permanecía soltero y mostraba poco interés en otras mujeres que no fuesen sus hermanas, aunque los intensos rasgos femeninos que fueron evidentes en su adolescencia ya no eran tan notorios. De hecho, se enroló en el ejército brasileño, pero se retiró pronto por enfermedad con el grado de sargento. Había contraído tuberculosis pulmonar, cuyo tratamiento y convalecencia le tomaron varios años.

Tiempo después se involucró en la política local, pero tras el derrocamiento del presidente João Goulart por una insurrección militar en 1963, empezó a tener una sensación cada vez más intensa de que lo vigilaban agentes del gobierno. Estas decepciones alcanzaron un punto en que su familia decidió que necesitaba tratamiento psiquiátrico pero, por desgracia, antes de que pudiera tomarse cualquier acción, Paulo se suicidó. Había amenazado con hacerlo y hecho intentos anteriores, pero en septiembre de 1966, hospedado en casa de su hermana Lola Moreira, se dirigió al baño, se derramó líquido inflamable y se prendió fuego. Murió diez horas más tarde sin expresar ningún arrepentimiento por su acción.

Al parecer, de alguna manera Emilia había sido capaz de cumplir su deseo de renacer como hombre —como su propio hermano Paulo— pero a fin de cuentas esto había demostrado no ser más satisfactorio que su vida anterior, de modo que eligió la autodestrucción, justo como había hecho antes. Este caso no es único, pues tales rasgos y tendencias son susceptibles de aparecer a lo largo de varias vidas, quizá hasta que el alma aprenda a enfrentar y superar los problemas en lugar de permitirles que cierren el telón de la vida.

El profesor Ian Stevenson ha notado que en varios casos en los que la personalidad anterior se ha suicidado, "el sujeto muestra inclinación a considerar la idea del suicidio y amenaza con hacerlo".

¿Quién mató a John Cisko?

Entre los indios tlingit del sureste de Alaska hay una fuerte creencia no sólo en la reencarnación, sino en el renacimiento dentro de la misma familia. Tal es el caso de Jimmy Svenson; su padre Olaf era mitad tlingit y mitad noruego, y su madre Millie tlingit pura.

Jimmy Svenson nació en Sitka el 22 de noviembre de 1952. A los dos años de edad, afirmaba ser el hermano de su madre —John Cisko— y señalaba con exactitud que había vivido en la aldea de Kukwan, a 160 kilómetros de ahí. A veces pedía que lo llevaran para quedarse con su abuela materna.

Durante dos o tres años Jimmy hizo varias referencias a su vida anterior, pero luego disminuyeron, como ocurre con la mayoría de niños con recuerdos de vidas pasadas.

John Cisko había sido un tlingit típico. Le gustaba cazar y pescar, y consumía grandes cantidades de vino. Durante el verano de 1950, cuando tenía 29 años, se enroló en el ejército pero había regresado a Alaska bajo permiso. Un día, realizó un viaje de placer en un pequeño bote pesquero con dos mujeres y nunca más se le volvió a ver. Los cuerpos de ambas mujeres fueron encontrados en una orilla cerca del bote, hundido verticalmente: se habían ahogado, y el tapón del pantoque del barco estaba perdido, lo cual hizo suponer a los investigadores que se llenó de agua rápidamente sin que sus ebrios ocupantes se dieran cuenta del peligro. En los canales del sureste de Alaska, las mareas son altas y las corrientes rápidas, y parecía probable que el cuerpo de John Cisko fuera arrastrado con rapidez. Aunque también existía la posibilidad de que alguien lo hubiese asesinado, tal vez el amante celoso de alguna de sus acompañantes.

Pero, ¿acaso el testimonio de Jimmy Svenson arrojaría alguna luz sobre la manera en que John encontró su muerte?

Cuando aún era niño, dijo a sus padres que "su patrón lo había asesinado a tiros en el estómago". Por extraño que parezca, Jimmy había nacido con cuatro marcas circulares en el estómago, las cuales examinó el profesor Stevenson en 1961, cuando el chico tenía nueve años —y los recuerdos de su vida pasada se habían desvanecido por completo. Escribe:

> Cada una medía alrededor de un cuarto de pulgada de diámetro y estaban demarcadas con claridad de la piel. Tres tenían menos pigmento que la piel circundante; una estaba un poco más pigmentada. Tres recorrían la línea de las costillas inferiores derechas en su cara anterior, justo encima del hígado; la cuarta estaba a alrededor de dos pulgadas a la derecha del ombligo. Las marcas semejaban heridas de entrada de bala ya sanas.

La apariencia de marcas y defectos de nacimiento que coinciden con heridas sufridas en una vida previa, puede ofrecer un medio físico adicional para corroborar casos de reencarnación (todo lo cual se discute en el capítulo 20). Sin embargo, en este caso hubo un problema. Nunca se encontró el cuerpo baleado de John Cisko para comprobar la historia; sólo el rumor de la existencia de un testigo, el cual se rehusó a hablar, y un niño pequeño que insistía ser su propio tío, a quien habían matado a tiros.

El hombre que nació antes de morir

Muchos años antes del nacimiento de Jimmy Svenson, el investigador Francis Story registró la experiencia de un monje, el venerable Phra Rajsuthajarn de Changwad Surin quien vivía en el monasterio de Pa Yodhaprasiddhi en Tailandia. Como Jimmy Svenson, podía recordar una vida anterior en la que su madre actual había sido su hermana. En otras palabras, sus abuelos del presente fueron sus padres en su vida pasada. Sin embargo, lo que hace que la historia de Phra Rajsuthajarn sea tan intrigante es que nació el 12 de octubre de 1908, el día anterior a la muerte del hombre que recordaba ser. La diversidad de características que encontramos en los relatos sobre reencarnación nos recuerdan que, por más convincente que sea una prueba de renacimiento, aún estamos lejos de entender la mecánica de las leyes espirituales que rigen su funcionamiento.

En cuanto Phra Rajsuthajarn tuvo edad suficiente para hablar, empezó a describir su vida anterior de manera bastante detallada. Llamaba madre a su abuela y distinguía correctamente por sus nombres a las tres mujeres que habían sido sus hijas, incluida una a quien apodaban bebé. También se molestaba cuando no le decían padre.

En su vida anterior como granjero llamado Leng, Phra Rajsuthajarn aprendió a hablar en laosiano y a leer las sagradas escrituras del budismo en caracteres camboyanos. En su vida actual, descubrió que podía leer manuscritos camboyanos sin aprender dicha lengua, aun cuando su alfabeto difiere bastante del siamés. A pesar de no haber aprendido laosiano en esta vida, podía hablar sin dificultad con personas de Laos.

En su vida como el granjero Leng, Phra Rajsuthajarn murió a los 45 años por una fiebre. Podía recordar su vida anterior y su muerte. Dijo haber presenciado sus propios ritos funerarios, visto su cuerpo en la galería y observado la cremación. Durante ese tiempo, decía, había tenido una existencia enteramente nueva en la que sentía ser capaz de ver en todas direcciones. El día anterior a la muerte de Leng, su hermana menor dio a luz un varón. Ahora, desde su posición ventajosa en el otro mundo, recordaba ir al lado de su hermana y mirar al bebé. Sintió un gran afecto y quiso tocar al niño, pero se contuvo por miedo a molestarlo. De repente, rememora, tuvo la sensación de que caía, y lo siguiente de que tiene memoria es estar como aquel niño en la cuna.

Las hermanas bailadoras

Otro caso de reencarnación intrafamiliar proviene de Finlandia. Marja-Liisa Kaartinen nació en Helsinki el 22 de mayo de 1929, seis meses después de la muerte por influenza de su hermana Eeva-Maija de tres años. Pero no pasó mucho tiempo para que Salli Kaartinen descubriera que la hija perdida había vuelto. Y fue la propia Marja-Liisa quien se lo dijo. Incluso corregía a los desconocidos que la llamaban Marja-Liisa: "¡Me llamo Eeva-Maija!".

En su libro *Reincarnation -Based on Facts*, el doctor Karl Müller registró el testimonio hablado de la señora Kaartinen de que su hija era capaz de reconocer a personas nunca vistas en esta vida y llamarlas por su nombre exacto. También sabía cuáles habían sido su ropa y juguetes en la vida previa.

En una ocasión, la señora Kaartinen comentó que había dicho a Marja-Liisa: "Mamá te va a enseñar algunas canciones de cuna que Eeva-Maija solía cantar muy bien". Mientras empezaba a tocar el piano, Marja-Liisa dijo: "Pero Eeva-Maija también bailaba", y empezó a bailar el Charleston. Su madre había olvidado que, poco antes de fallecer su hija, sus primos le enseñaron ese baile.

No parece irrazonable que una niña que se va a una edad temprana haga otro intento de vivir con los mismos padres si tiene la oportunidad. Incluso existen evidencias de que los adultos pueden hacer una elección similar, a veces antes de morir.

La mujer que renació como hija de su hermano

En su libro *Your Last Life and Your Next*, el doctor Sushil Chandra Bose registra la historia de Betauli, mujer casada. Solía decir que en su próxima vida quería ser la hija de su hermano Baburam, lo cual contó a la esposa de éste. En 1908, año en que hizo tal confesión, Betauli murió en Farukhabad, India. Tres años después, su hermano y su cuñada tuvieron una hija a quien nombraron Girija.

A los cuatro años, Girija reconoció a su antiguo suegro en una reunión, y a su antiguo esposo al año siguiente. Siete años después, cuando tenía dieciséis, se la llevó a casa de su antiguo esposo en Farukhabad, más ella insistió que no era su casa. Y cuando fue a la casa vieja, la identificó de inmediato y señaló los lugares donde solía dormir y hacer la comida. También reconoció la ropa de Betauli, joyas, una caja de acero que usaba, y lloró amargamente cuando vio a la segunda esposa de su antiguo marido.

Muerte por ahogamiento

En un extraordinario caso estudiado por la doctora Antonia Mills, investigadora estadounidense, el sujeto a quien entrevistó se hallaba en su tercera encarnación con la misma familia, hasta donde podía recordar. Emma Michell, miembro de la tribu de los wet'suwet'en Columbia Británica, tenía más de 80 años cuando proporcionó su evidencia a la doctora Mills. Sus recuerdos de vidas anteriores comenzaron cuando un día, muchos años atrás, su joven sobrino Jimmy escuchó sonar la campana de la pequeña iglesia de al lado. Se le explicó que era porque había muerto Donald G., un lugareño. La respuesta de Jimmy asombró a su familia: "Él contrató a los hombres para golpearme y tirarme al río".

Al parecer, el chico recordaba la muerte de su tío, cuyo molido cuerpo fue rescatado del río Bulkeley antes de que Jimmy naciera. Pero la historia se repetiría y Jimmy encontraría su muerte en el mismo río. Ahora, dice su familia, ha retornado por tercera ocasión y es el nieto de Emma Michell quien, cuando era niño, tenía recuerdos de ambas vidas pasadas.

También se le oyó decir que deseaba haber sido niña, pues así era menos probable que volviese a morir de manera violenta en las aguas de aquel turbulento río.

Tales casos sugieren que tal vez el viaje de nuestra alma no sea tan solitario después de todo. Quizá las personas importantes para nosotros en esta vida, desempeñarán un papel significativo en la siguiente.

Durante una visita a India en 1993, conocí a la doctora Satwant Pasricha, investigadora hindú quien, además de realizar sus propios e impresionantes hallazgos sobre reencarnación, ha analizado estadísticas registradas por ella y otras personas en este campo: revelan un predominio de reencarnaciones intrafamiliares en ciertas culturas. Por ejemplo, encontró un porcentaje muy elevado de lazos familiares entre tlingits que recuerdan vidas pasadas y las personas que ellas recuerdan que fueron. De hecho, esta relación sólo estaba ausente en uno de los casos y se desconocía en otros cuatro, lo cual revela su presencia en 97.7 por ciento del total de 47 casos. Un patrón similar de relaciones familiares se apareció en tres cuartas partes de los casos examinados entre los haida (grupo indígena de las islas Reina Carlota en Columbia Británica, y de la parte sur de la isla Príncipe de Gales en Alaska). En Sri Lanka el porcentaje fue 16.7, en India 10.3 y en Turquía 8.9 por ciento.

Estas cifras sugieren que tal vez muchas familias en estas culturas permanecen juntas a lo largo de varias vidas.

5
Almas gemelas

Los muchachos asesinados

Cuando los gemelos Ramoo y Rajoo Sharma de tres años de edad huyeron de la pequeña aldea de Sham Nagara en Uttar Pradesh, India, rumbo a la estación de ferrocarril y la carretera principal, los padres se percataron de que sus hijos tenían algo diferente. Fueron por ellos y les pidieron que explicaran por qué se habían ido. Ramoo y Rajoo respondieron que se iban a casa. Aunque, al parecer, no les pidieron explicar esta respuesta, la verdad pronto salió a luz cuando uno de sus tíos los vio tocar los pies de un desconocido que pasaba por su aldea (lo cual es una manera de expresar respeto por alguien que conoces). Él los reprendió porque no tenían ninguna relación con ese hombre, pero ellos dijeron que no era así. Lo habían conocido, explicaron, en una encarnación anterior, y describieron esa vida en detalle.

Según revelaron, también habían sido gemelos en su vida anterior. Ramoo había sido Bhimsen Pitamah y Rajoo, su hermano Bhism. Vivieron en la aldea de Uncha Larpur, a dieciséis kilómetros de ahí —de donde provenía el desconocido con quien los vieron en la calle—, y revelaron que los habían asesinado. Más aún, identificaban a su asesino, un hombre llamado Jagannath, con quien primero habían peleado y luego en apariencia se habían reconciliado. Sin embargo, su cordialidad era fingida y los invitó a su casa en la aldea de Kurri, donde un grupo de hombres los atacaron y estrangularon. También describieron otros sucesos en su vida, así como objetos que les habían pertenecido.

En efecto, hubo un par de gemelos de apellido Pitamah a quienes habían asesinado en la aldea de Kurri, y los rumores de los niños pronto se filtraron a Uncha Larpur. Como resultado, miembros de su familia anterior, otros aldeanos e incluso los presuntos asesinos, fueron a Sham Nagara para ver a Ramoo y a Rajoo. Entre los visitantes estuvieron el hermano mayor de los gemelos difuntos Chandra Sen, y su madre, Ram Devi, quienes fueron ahí en el verano de 1971.

Poco después, el 20 de noviembre de 1971, el profesor Ian Stevenson estuvo en la estación de policía de Gursahaigani, Uttar Pradesh. Investigaba otro caso y un oficial le sugirió que indagara la historia de los gemelos. Como ésta involucraba un asesinato ocurrido cerca de ahí, los expedientes del caso estaban en la estación de policía y pudo estudiarlos. Pero en aquella ocasión no pudo investigar él mismo. Solicitó al doctor L.P. Mehrotra que tomara declaraciones de los testigos principales en Sham Nagara y Uncha Larpur en julio de 1972. El profesor Stevenson regresó cuatro meses después a realizar más entrevistas y luego se unió el doctor Erlendur Haraldsson al equipo.

Entre las evidencias había transcripciones de los tribunales contra los presuntos asesinos: los gemelos Pitamah habían sido informantes de la policía. También se reveló que tuvieron una disputa por límites de tierras con dos hombres llamados Jagannath y Raja Ram, quienes les tendieron una trampa. La última vez que vieron vivos a los gemelos fue el 28 de abril de 1964. Sus cuerpos, atados y en avanzada descomposición, fueron recuperados de un pozo cuatro días después, y la policía concluyó que los habían estrangulado.

"Como es natural, las sospechas recayeron en los enemigos de los gemelos, de modo que la policía capturó a nueve de ellos y se les juzgó por los asesinatos", escribe el profesor Stevenson en el primer volumen de su obra Cases Suggestive of Reincarnation, que trata casos ocurridos en India. "Sin embargo, es casi seguro que los asesinatos se cometieron por la noche, y probable que la policía hubiese capturado a los testigos presenciales, pues no quedaba nadie para acusarlos. Por falta de evidencias directas, todos fueron absueltos."

El profesor Stevenson consideró ir a Kurri a hacer más indagaciones, pero decidió que los prospectos para ayudarle parecían "tan temerosos de cualquier persona de ahí, fuese o no uno de los asesinos, que abandoné el proyecto".

Curiosamente, los hijos de Bhimsen y Bhism Pitamah también visitaron Sham Nagara. Ramoo y

Rajoo les llamaron hijos, los trataron de manera paternal y les aconsejaron reconstruir su casa con cuidado (se había deteriorado) y visitar a la esposa de Bhimsen. Cuando se encontraron con Ram Devi, su madre en la vida anterior, los tres lloraron.

Aunque con personalidades muy diferentes, los gemelos eran casi idénticos en su aspecto físico y también muy allegados, al grado de comer sólo juntos. Esta cercanía parece haberse transmitido desde su vida pasada donde, aunque ambos tenían esposa e hijos, hacían muchas cosas a la par, y hasta murieron en unión de una manera horrenda. En esta vida siguieron tan cercanos que hablaban como si fuesen uno solo y tenían los mismos recuerdos de su encarnación pasada.

En este punto vale la pena señalar que India ha proporcionado numerosos casos de reencarnación a lo largo de los años, y el profesor Ian Stevenson ha investigado la mayoría. De hecho, todo su primer libro trataba sobre sus investigaciones en India y regresa ahí de vez en cuando para verificar nuevos informes. Pero sus investigaciones también lo han llevado a Myanmar, Sri Lanka, Líbano, Turquía y muchos otros países, incluso Reino Unido. Como vive en Estados Unidos, le ha resultado fácil investigar casos ocurridos en Norteamérica. Y cuando yo lo conocí en Londres en 1996, supe que planeaba un nuevo libro sobre casos europeos. El predominio de casos en India no significa que la reencarnación ocurra con más frecuencia ahí que en otra parte del mundo. Una explicación más creíble es que mientras las culturas que aceptan el renacimiento toman en serio testimonios de niños que dicen haber tenido vidas pasadas, en Occidente se consideran fantasías infantiles.

Los esposos que renacieron como gemelos

Este caso —también muy bien investigado— sobre gemelos que recuerdan su vida pasada es tan impresionante como el anterior, aunque los mellizos no estaban emparentados en su existencia previa. Se trataba, más bien, de un hombre y una mujer que vivían en Okshitgon, Birmania (hoy Myanmar). En 1886, los padres de Maung Gyi y Maung Ngé se mudaron de Okshitgon a Kabyu, poco después de nacer.

Por lo tanto, los gemelos no conocían su lugar de nacimiento ni a sus habitantes. No obstante, tan pronto hablaron, se llamaron uno a otro con nombres diferentes, uno de ellos de mujer. Se descubrió que eran los nombres de una pareja de esposos que vivían en Okshitgon, quienes se mostraban una gran devoción mutua y habían nacido en casas contiguas el mismo día. Lo que es más, murieron el mismo día, más o menos a la hora en que nacieron los gemelos.

Para corroborar los recuerdos de su vida anterior, Maung Gyi y Maung Ngé fueron llevados a Okshitgon, al hogar y vecindario de la pareja cuya vida recordaban. No sólo identificaron caminos, lugares y personas, sino también la ropa que usaban. El más joven, quien había sido la esposa, también recordaba que pidió prestadas dos rupias a una mujer llamada Ma Thet, las cuales no pagó. Cuando se le preguntó, esta mujer lo confirmó. Fielding Hall, quien investigó este caso y escribió sobre él en su libro *The Soul of a People*, entrevistó a los gemelos cuando tenían seis años y aún tenían recuerdos intensos de su vida anterior. El gemelo que recordaba ser el esposo era de complexión robusta, mientras el otro era esbelto y tenía "una curiosa mirada ensoñadora, más de niña que de niño".

"Él era mi cocinero"

Aún más curioso es el caso de Krishnan Kishore, quien mostraba un gran afecto por su hermano gemelo Krishna Kumar e insistía en compartir todo con él. Le daba regalos y mostraba gran preocupación por su bienestar. Cuando se le preguntó por qué se comportaba así, respondió: "Porque él era mi cocinero".

Krishnan acabó por decir a su madre que no le gustaban mucho los alimentos que le daba porque "en mi propia casa solía tener dulces deliciosos". También explicó que tuvo una casa grande y roja, dos autos y una pistola, y había procreado cinco hijos, todos casados. En aquella vida, su apellido había sido Purushottom. Un tío de los gemelos intentó verificar la historia llevando a Krishnan con un joyero del mismo apellido, pero el chico no lo reconoció. Después, su madre lo llevó a casa de otro señor Purushottom y ahí identificó muebles, cuadros y otros objetos, e incluso describió cómo los obtuvo y para qué los usó. Durante esta visita, también salió a luz que el difunto señor Purushottom había tenido autos y una pistola, así como un gran gusto por los dulces.

Los gemelos birmanos

En su libro *Children Who Remember Previous Lives*, el profesor Ian Stevenson nos dice que su colección de casos de posible reencarnación incluye 36 parejas de gemelos en las que uno o ambos recuerdan alguna vida anterior. "En 26 de los casos, ambos identificaron de manera satisfactoria una personalidad anterior", dice él, y añade que, en los demás ejemplos, el caso de uno o los dos gemelos permaneció sin resolverse: no fue posible hallar evidencias de la persona que decían haber sido. "De los 26 casos resueltos, en diecinueve las personalidades anteriores tenían relaciones de parentesco (a veces de matrimonio) y en los siete restantes fueron amigos o conocidos; en ninguno de ellos las personalidades anteriores habían sido desconocidas entre sí."

Aunque se conocieron, la relación de los gemelos birmanos Maung Aung Cho Thein y Maung Aung Ko Thein en su vida anterior habría parecido, a primera vista, un antecedente poco favorable para que renacieran en la misma familia. Uno había sido mujer con un molino de arroz. El otro granjero que llevaba su arroz a dicho molino. "La conducta de cada gemelo hacia el otro reflejaba la actitud un tanto arrogante de la acaudalada dueña de molino y el comportamiento respetuoso de granjero", observa Stevenson. "Encontramos esta relación de dominio y sumisión en once casos de gemelos de los que teníamos información suficiente sobre roles, comportamiento y personalidades anteriores."

A pesar de los tremendos esfuerzos de los investigadores en el campo de la reencarnación, no siempre es posible corroborar recuerdos de vidas pasadas de niños y, por ende, raras veces aparecen en sus informes o estadísticas. Pero el profesor Stevenson hace una excepción con las gemelas birmanas Ma khin San Tin y Ma Khin San Yin debido a la notable similitud en sus historias. Las niñas recordaban haber sido hermanos (no gemelos) japoneses que habían servido en la misma unidad del ejército. Murieron cerca de Pyawbwe, Birmania (hoy Myanmar) en abril de 1945 durante el avance británico. Después, según dijeron al profesor, intentaron renacer en Japón, pero fracasaron. Regresaron al lugar donde habían muerto y renacieron en una aldea a menos de 100 metros de donde dicen que los mataron y hubo un atrincheramiento del ejército japonés. "Este caso aún no se resuelve", recuerda el profesor Stevenson, "y lo mismo ocurre con el de otros niños birmanos que afirman haber sido soldados japoneses caídos en Birmania".

Los gemelos Pollock

Un anuncio aparecido en el periódico *Hexham Courant de Northumberland* en 1958 apenas vislumbraba la fascinante historia que estaba por desenvolverse. Decía así:

> POLLOCK. A John y Florence que viven en Leazes Crescent núm. 29, Hexhamm, el 4 de octubre, el precioso regalo de Dios de las gemelas Jennifer y

Gillian Theresa. Muchas gracias al Señor y a la Santa Virgen.

El apellido Pollock resultaba conocido para la mayoría de los lectores de periódicos ingleses, pues había tenido una fuerte presencia en sus columnas dieciocho meses antes, luego de que el destino despojó en forma trágica a John y a Florence de sus dos hijas, Joanna de once años, y Jacqueline de seis. Las niñas caminaban de su casa a la iglesia de Santa María todos los domingos, acompañadas por su amigo Anthony Layden, para asistir a una misa especial realizada para los 250 alumnos de la escuela católica local. Pero el 5 de Mayo de 1957, nunca llegaron a la iglesia.

Mientras el trío caminaba de la mano por la calle de Shafto Leazes, un auto, conducido por una mujer que había consumido una sobredosis de drogas con la intención de quitarse la vida, subió al pavimento y los arrolló. El impacto los lanzó al aire como muñecos de trapo, y Joana y Jacqueline murieron de manera instantánea por lesiones múltiples. Su amigo de nueve años murió al llegar al hospital.

Aunque devastados por su pérdida, los Pollock decidieron enviar a la mujer responsable de la tragedia un mensaje sincero de condolencia y perdón. John Pollock era profundamente religioso —se había convertido al catolicismo a los diecinueve años— y Florence, consolada por el sacerdote de su comunidad, se le unió poco después de la muerte de sus hijas. Pero John era católico poco común: creía firmemente en la reencarnación, idea que su esposa no compartía. De hecho, hacía mucho tiempo que él oraba en las noches por alguna prueba de renacimiento, de modo que pudiese mostrar a los sacerdotes que tenía razón.

Al principio, John Pollock vio la muerte de Joanna y Jacqueline como un castigo de Dios al orar por pruebas de reencarnación. Pero al mismo tiempo, concluyó que Dios trataba de responder a sus preguntas y sus hijas volverían con ellos. Insisto, no era un creencia que su esposa compartiera y la puso bajo presión considerable. Así, con cierta ansiedad anunció su embarazo a principios del año siguiente. Su regocijado esposo afirmó que Dios les devolvía a Joanna y Jacqueline, que daría a luz gemelas. Pero ahora, John no sólo lidió con la incredulidad de su esposa, sino con el veredicto médico de su doctor y un ginecólogo: sólo había un niño en el útero. Sin embargo, milagrosamente, se cumplió la predicción de John Pollock y las gemelas Jennifer y Gillian llegaron a este mundo sanas y salvas, con diez minutos de diferencia.

Casi de inmediato, el padre notó una delgada línea blanca que recorría hacia abajo la frente de Jennifer, la gemela más joven. Había visto esa marca en la frente de Jacqueline, quien sufrió una cortada en la cabeza a los dos años; cuando la herida sanó, dejó una cicatriz blanca y delgada. A pesar de su escepticismo, Florence Pollock notó un lunar marrón en la cadera izquierda de Jennifer, idéntico en tamaño, forma y posición con el que había nacido Jacqueline. En gemelos genéticamente idénticos (el término médico es monocigótico: ambos provienen de una misma célula), como ellas, las diferencias son muy raras.

Estas señales físicas convencieron a John Pollock de que sus hijas muertas habían renacido. Y pronto tendría una prueba mayor. Decidieron mudarse a otra parte de Northumberland y construyeron su nuevo hogar en Whitley Bay justo cuatro meses antes del nacimiento de las gemelas. Gillian y Jennifer tenían tres años cuando retornaron por primera vez a Hexham por un día, pero se comportaron como si lo conocieran. Mientras caminaban por la calle, sus padres escuchaban con fascinación sus interminables comentarios. "La escuela está justo a la vuelta de la esquina", dijo una de ellas, aun cuando en ese momento la escuela a la que asistieron sus hermanas permanecía oculta tras la iglesia. "Ahí está el parque donde solíamos jugar", dijo la otra. Su hermana le respondió: "Los columpios y resbaladillas están por allá". Señaló en dirección de una colina y sus padres supieron que sus hijas habían jugado en columpios y resbaladillas que no se veían desde ahí, pues estaban al otro lado de la colina. Luego, mientras pasaban por la casa en que Joanna y Jacqueline pasaron varios años felices, ambas dijeron: "Nosotras vivíamos ahí".

Los Pollock guardaron los juguetes de sus hijas muertas en cajas de cartón, no estaban dispuestos a deshacerse de ellos. Cuando sus gemelas crecieron, decidieron dar un buen uso a los viejos juguetes, así que una noche colocaron dos muñecas y un exprimidor de ropa de juguete fuera de la puerta de la alcoba de sus hijas. Fue Florence Pollock quien observó su descubrimiento. Jennifer vio primero los juguetes. "Oh, ésta es Mary. Y ésta es mi Suzanne", exclamó, y agregó: "No las había visto en mucho tiempo". Fue con su hermana y le dijo: "Y ahí está tu exprimidor". Jennifer había dicho los nombres de las muñecas y atribuido la propiedad de ellas y del exprimidor de manera acertada.

Más escalofriante fue su reacción el día que jugaban en la parte trasera de su casa en Whitley Bay, cerca de una callejuela donde había autos estacionados. Al escuchar un griterío histérico, John Pollock salió a ver qué pasaba y encontró a las gemelas arrinconadas en una esquina y abrazadas con fuerza mientras repetían: "¡El auto! ¡El auto! ¡Viene hacia nosotras!" Señalaban uno frente a ellas que parecía recrear la escena en los últimos momentos de vida de Joanna y Jacqueline. Y algo más macabro fue la aparente recreación que Gillian y Jennifer hicieron de su muerte en la habitación de juegos, sin saber que su madre las observaba. Gillian sostenía la cabeza de la gemela menor en sus manos y le decía: "Te sale sangre de los ojos. Ahí es donde el auto te golpeó". Poco después los recuerdos de las gemelas comenzaron a borrarse.

Cuando cumplieron veinte años ya no recordaban nada acerca de esos incidentes.

Al examinar la reencarnación en familias, debemos tener cuidado con la influencia, intencional o no, de padres u otros familiares que pudiesen imponer sus propias creencias a niños impresionables. No me refiero sólo a la gente que cree en la reencarnación, pues hay muchos casos en que los recuerdos de vidas pasadas de un niño no son bien recibidos y, por lo tanto, se les acalla por medio de castigos o amenazas. También debemos considerar cuánto de lo que en apariencia se recuerda pudiese resultar de la memoria genética, aun cuando no hay pruebas científicas de que pueda transmitirse de una generación a otra.

Uno de los mejores relatos de las experiencias de la familia Pollock aparece en el libro *Mind Out of Time* de Ian Wilson, que también se publicó en rústica bajo el título *¿Reincarnation?* Es sumamente crítico con los informes de reencarnación en general y sugiere que la mayoría de los investigadores no son lo bastante escrupulosos para verificar el testimonio de sus sujetos. Pero Ian Wilson, quien hoy vive en Australia y es corresponsal de mi revista, acepta que tal vez el caso de los Pollock sea una excepción. Sobre John Pollock y sus hijas, dice: "...si acaso todo ocurrió de la manera en que lo ha descrito, incluidas las ocasiones en que las gemelas revivieron los recuerdos de sus hermanas muertas, entonces debo reconocer que aquí parece haber operado algo que la ciencia del siglo XX aún no entiende".

6
Medias naranjas

La amante del faraón

En los años setenta, a quienes visitaban Abydos, uno de los sitios arqueológicos más importantes de Egipto, con frecuencia eran conducidos al hermoso templo de Sety I por una excéntrica inglesa que poseía un inmenso conocimiento del lugar y el hombre que lo construyó.

La erudición de Dorothy Eady puede explicarse así: conocimiento de egiptólogos eminentes, capacidad para traducir jeroglíficos y trabajo para el Departamento de Antigüedades de Egipto en varios proyectos de restauración, los cuales incluyeron sitios cercanos a la gran pirámide de Giza. Sin embargo, también ofrecía vislumbres de la vida cotidiana de los egipcios y sus rituales, lo cual desconcertaba a los expertos y le valió un respeto aún mayor cuando ciertas evidencias demostraron que tenía razón. Su explicación fue sencilla: sabía esas cosas porque había vivido ahí antes, en la época de Sety I.

Tras esta declaración se hallaba una historia aún más asombrosa que quizá incluso a creyentes en la reencarnación les cueste trabajo aceptar. Dorothy Eady creía que ella y el faraón Sety I habían sido amantes en aquella vida, cada uno era la media naranja del otro y su destino era estar juntos por toda la eternidad si ella lograba pasar ciertas pruebas en esta vida. Estaba segura de que el gran faraón Sety I la había buscado desde el otro mundo durante 3 000 años hasta que la encontró siendo adolescente en Plymouth, Devon. Se le apareció y, tras reestablecer la relación que había terminado tantos años antes, iniciaron una unión de dos mundos que la llevaría de vuelta a Abydos, 520 kilómetros al sur de El Cairo, para vivir y morir bajo la romántica atmósfera de aquel primer amorío.

No hay nada en la historia familiar o la niñez de Dorothy Eady que explique su amor por Egipto, el cual se manifestó después de que ella cayó de unas escaleras en 1907 en su casa de Blackheath, en el sureste de Londres. Tenía tres años... y el médico de la familia la declaró muerta. Más tarde, cuando regresó con una enfermera para lavar y arreglar el cuerpo, encontró a Dorothy sentada en la cama con su cara embarrada de chocolate y jugando feliz.

Poco después empezó a tener sueños recurrentes sobre un enorme edificio con columnas y un jardín lleno de frutas y flores. Sus padres a menudo la encontraban llorando. Le preguntaban por qué, les decía: "Quiero ir a casa", aunque no sabía dónde estaba su casa. Cuando la llevaron al Museo Británico, a los cuatro años, corrió encantada por las salas dedicadas a Egipto y besó todas las estatuas. Al final, se quedó quieta y callada ante una momia, se rehusó a abandonar el lugar cuando llegó el momento de hacerlo. Su madre intentó levantarla, pero la niña se aferró a la caja de vidrio y dijo con una voz extraña y espectral, como de anciana: "Déjenme... ésta es mi gente". Tuvieron que sacarla del museo a la fuerza, a pesar de sus gritos y pataleos.

Estudiaba detenidamente fotografías de la piedra roseta con una lupa, y cuando se le preguntaba por qué lo hacía si no conocía el idioma, respondía: "Sí lo conozco, pero lo olvidé. Si tan sólo pudiese copiar esto, quizá lo recordaría".

A los siete años, Dorothy vio en una revista que su padre llevó a casa una fotografía cuyo título decía: "Templo de Sety I en Abydos, Alto Egipto". Corrió emocionada hacia su padre y declaró: "¡Ése es mi hogar! ¡Ahí es donde yo vivía!... Pero ¿por qué está tan deteriorado? Y, ¿dónde está el jardín?"

Reuben Eady la regañó por decir mentiras y explicó que el lugar estaba deteriorado porque era muy antiguo y no tenía jardín porque estaba en medio del desierto. Se molestó aún más con su hija cuando ella dijo, al ver una fotografía de la momia de Sety I —muy bien conservada en el Museo de El Cairo—, que conocía a ese hombre y era muy bueno. Su padre exigió que terminara de inmediato con esas patrañas.

Pero sus palabras no tuvieron efecto en Dorothy quien, conforme creció, comenzó a ausentarse de la escuela para visitar el Museo Británico y pasar tiempo entre reliquias del antiguo Egipto. Ahí conoció a sir E.A. Wallis Budge, encargado de cuidar las antigüedades egipcias y asirias, quien le enseñó a leer jeroglíficos. Tiempo después, se casó con un egipcio, quien la llevó a vivir a el Cairo. El matrimonio sólo duró tres años (cuando se casaron, Imam Abdel Meguid no sabía que tendría que competir con un faraón muerto por el amor de su esposa), pero engendraron un hijo a quien Dorothy insistió en llamar Sety. Tras su divorcio, siguió viviendo en Egipto, trabajó en varios proyectos arqueológicos y, tal como se acostumbra ahí, se le llegó a conocer como "Omm Sety": "La madre de Sety".

En los años cincuenta, el Departamento de Antigüedades por fin le concedió su constante petición de transferencia de El Cairo a Abydos. No era un puesto que el departamento habría dado normalmente a una mujer, pues la aldea en que debía vivir no contaba con electricidad, instalaciones sanitarias ni agua corriente. Y sin embargo, Omm Sety estaba encantada. Finalmente había llegado a casa. Durante la restauración del templo, los trabajadores encontraron el jardín que ella había visto en sus sueños, "justo donde yo decía que estaba —al suroeste del templo—: raíces de árboles y enredaderas, pequeños conductos de riego... y hasta el pozo, el cual aún tenía agua".

Como reveló después, la historia completa de su vida anterior en Egipto le fue dictada durante su estancia en El Cairo por alguien llamado Hor-Ra, quien le hacía visitas intermitentes durante la noche desde el otro mundo. Tardó un año en concluirla, y cuando la tradujo, alcanzó una extensión de 70 páginas. Ahí, Omm Sety supo que había sido una chica de cabello dorado y ojos azules llamada Bentreshyt, de catorce años cuando el faraón advirtió su presencia durante una visita a Abydos para supervisar la construcción del santuario monumental erigido en su honor. Ambos se enamoraron y visitaban de manera clandestina, pues Bentreshyt era sacerdotisa virgen de Isis y, por lo tanto, propiedad del templo. A nadie se le permitía tocarla, ni siquiera al faraón.

Sin embargo, pronto fue obvio que Bentreshyt estaba embarazada, por lo que el alto sacerdote Antef la forzó a confesar su crimen y revelar el nombre de su amante. La muerte era la única sentencia posible, pero además se convocó a un juicio público. Antes que revelar en público el nombre de su amante, Bentreshyt se quitó la vida. El faraón Sety I, quien había viajado a Numia, quedó totalmente devastado al enterarse de lo ocurrido a su regreso a Abydos y juró que nunca la olvidaría. Al parecer, así fue.

El aspecto más extraordinario de la historia de Omm Sety es que, durante todo su trabajo en los monumentos antiguos de Egipto, la inglesa afirmaba que ella y Sety se veían con regularidad, a veces en el plano astral y ocasionalmente en su propia casa, donde él se materializaba, se acostaba a su lado e incluso le hacía el amor. Sin embargo, la relación física debió terminar cuando fue transferida a Abydos. Él le dijo: "La rueda del destino ha dado su giro completo. Desde ahora y hasta el final de tu vida terrenal volverás a pertenecer al templo, y estarás prohibida para mí o cualquier otro hombre". Omm Sety comenzó a llorar y el faraón la consoló al preguntarle si acaso iba a permitirse cometer el mismo error.

"Entonces, me explicó que era justo el periodo en que ambos estarían a prueba. Si resistíamos la tentación durante el resto de mi vida en Abydos, se nos perdonaría nuestro crimen original y yo le pertenecería a Sety por toda la eternidad."

Dorothy Eady sabía que pocas personas creerían su historia, así que mantuvo un diario secreto que registraba aquellas reuniones del otro mundo, y lo confió sólo a sus amigos más cercanos, incluido el doctor Hanny El Zeini, presidente de la Compañía Azucarera y Destiladora de Egipto. Él colaboró con Jonathan Cott en la producción del notable libro *The Search for Omm Sety*, que narra la vida de Dorothy y apareció en 1988, más de seis años después de su muerte. Omm Sety murió tal como lo deseaba y está enterrada cerca del templo donde afirmaba haber muerto en su vida anterior como Bentreshyt.

Debe decirse que su vida ofrece más preguntas que respuestas. Si Dorothy Eady en verdad había sido Bentreshyt —amante de Sety— en su vida anterior, ¿por qué ambos tardaron 3 000 años en reencontrarse? ¿Acaso Dorothy Eady tuvo otras encarnaciones en ese periodo intermedio? O, ¿estaba su alma en una especie de animación suspendida mientras esperaba que se presentaran las circunstancias que permitirían su reunión?

No tengo respuesta a estas interrogantes. En verdad, todo el tema de las medias naranjas está repleto de dificultades. Sin embargo, la idea de que cada uno tenemos una pareja (nuestra "media naranja") sin la cual estamos incompletos, es un poderoso concepto para quienes creen en la reencarnación. Por supuesto, esta noción también ha estado presente en grandes obras literarias y poéticas. Muchas parejas han testificado que, cuando conocieron a su compañera o compañero, lo sintieron como una reunión: como si ya hubiesen estado juntos en el pasado. Si lo tomamos en serio, esto sugiere que, a lo largo de los siglos, durante muchas vidas y entre diversas almas con quienes establecemos relaciones, siempre nos sentimos atraídos hacia una en particular con la que nuestro destino está unido de manera inexorable. Aunque lo más probable es que nos volvamos amantes, también podemos experimentar otro tipo de relaciones con dicha alma para mejorar nuestra comprensión mutua. Pero no todo el tiempo que pasemos junto a nuestra media naranja será feliz: algunas de esas vidas pueden ser difíciles y dolorosas.

El psiquiatra que ayuda a unir las medias naranjas

El doctor Brian Weiss es un firme creyente en las medias naranjas y la reencarnación. Egresado de la Universidad de Columbia y de la Escuela de Medicina de Yale en Estados Unidos, hoy vive y ejerce como psiquiatra en Miami, Florida. "He trabajado con muchas personas —sobre todo con parejas— que han estado juntas en vidas anteriores", explica el doctor. "Muchas han reconocido a su media naranja y viajan con ella a través del tiempo para volver a unirse en la vida presente."

Sin embargo, ni siquiera todos los años que había dedicado a hacer retroceder a la gente a sus vidas anteriores lo preparó para el dilema tan extraordinario que involucró a dos de sus pacientes quienes, bajo hipnosis, parecieron revelar que estuvieron relacionados en su existencia anterior pero no se conocían en ésta.

Pedro, un joven mexicano que buscó la ayuda del doctor Weiss tras la muerte de su hermano, describió una vida en la que unos soldados romanos lo ataban a sus caballos, lo arrastraban por el suelo y luego practicaban un juego con él que consistía en azotar su cabeza contra una roca. Después, lo dejaban morir en brazos de su hija.

Elizabeth, empresaria alta y exitosa, buscó la ayuda del doctor Weiss después de leer uno de sus libros, pues sentía que su vida era un desastre. Cuando le indujo una regresión, ella describió una vida pasada en la que era una chica llamada Miriam cuyo padre había muerto en sus brazos tras ser arrastrado por caballos de soldados romanos.

Pedro y Elizabeth (pseudónimos dados por Weiss para asegurar la privacidad de sus pacientes) tuvieron sesiones con el doctor Weiss durante varios meses. Ambos asistían en días distintos y no se conocían. Ni siquiera el psiquiatra notó las similitudes en sus relatos, en los cuales parecían desempeñar papeles diferentes en las mismas escenas. Entonces, hacia el final de su tratamiento, el doctor Weiss examinó sus notas y quedó convencido de que ambos estaban destinados uno para el otro.

"Nunca antes había encontrado medias naranjas que aún no se conocieran en el tiempo presente", escribe el doctor en su libro *Only Love is Real.* "En este caso se trataba de dos medias naranjas que habían viajado casi 2 000 años para volver a estar juntas. Recorrieron ese trecho. Estaban en verdad muy cerca uno del otro, pero aún no se habían vinculado."

¿Qué debía hacer él? "Yo estaba seriamente restringido por las leyes de la psiquiatría, para no mencionar las más sutiles del karma", explica. Violar la confidencialidad del paciente puede ser indebido. Pero Pedro planeaba regresar a México. "Si Pedro y Elizabeth no se conocen pronto, estarán en dos países distintos, y eso reducirá de manera drástica la posibilidad de que se encuentren en esta vida."

La solución del doctor Weiss fue acomodar sus citas con cada uno, de manera que cuando Pedro saliera de consulta encontrara a Elizabeth en la sala de espera. Pero al llegar ese momento, se encontraron, se miraron y cada uno tomó su camino. "Mi manipulación había sido demasiado sutil y efímera", escribe él, y añade: "Por fortuna, mentes más creativas que la mía se confabulaban desde las alturas para arreglar una cita entre Elizabeth y Pedro. La reunión fue predestinada. Lo que ocurriese después dependería de ellos".

Pedro fue al aeropuerto a iniciar la primera etapa de su viaje a México. Elizabeth también había ido ahí a una hora distinta para tomar un vuelo que la llevaría a una importante junta de negocios. Sin embargo, su vuelo se retrasó por una falla mecánica y la transfirieron al vuelo de Pedro. Ambos se vieron y reconocieron en la sala y comenzaron a hablar, aunque con timidez. Pronto decidieron solicitar un cambio de lugar para sentarse juntos en el avión, y cuando éste entró en una turbulencia, Pedro tomó a Elizabeth de la mano. "Elizabeth pudo sentir cómo la corriente hacía despertar vidas enteras en ella."

El doctor Brian Weiss aún recibe noticias de Pedro y Elizabeth. Están felizmente casados, viven en México y tienen una hija preciosa.

Aunque el psiquiatra contribuyó en cierta medida al reencuentro, aconseja: "Nunca te preocupes por conocer a tu media naranja. Los encuentros son cosas del destino y un día ocurrirá el tuyo. Después del encuentro, lo que rige es la libre voluntad de ambas partes... Cuando se deja que el amor fluya con libertad, supera todos los obstáculos".

Nacidos para estar juntos

El reconocido escritor Jess Stearn es una autoridad mundial en espiritualidad y reencarnación; sus libros incluyen *Edgar Cayce: The Sleeping Prophet*; *Yoga, Youth and Reincarnation*, y *Soulmates*, los cuales ilustran el concepto de amor ilimitado, incondicional e infinito por medio de varios ejemplos, incluidos los de celebridades como Shirley MacLaine, Susan Strasberg y Howard Hughes.

Pero entre los estudios de casos hay uno inusual. Dick Suthpen ha hecho más que la mayoría de las personas por promover la idea de la reencarnación al escribir dieciséis libros sobre metafísica, impartir conferencias y seminarios, y dirigir sesiones de regresión a vidas pasadas en las cuales los individuos exploran lo que parecen ser recuerdos de existencias anteriores. "En todo mi trabajo en esta área", dijo él a Jess Stearn, "he encontrado sólo unos cuántos casos en los que he sido incapaz de establecer un vínculo pasado entre amantes del presente".

Para ampliar esta idea, añadió: "Las relaciones y el concepto de un destino que nos manipula en la mesa de ajedrez de la vida, siempre han sido mis intereses principales. Sé que vidas pasadas compartidas son prerrequisito para una relación importante en esta vida. Al parecer, lo que hace que las personas nos juntemos es un plan invisible".

Pero el propio Sutphen parecía tener dificultades para encontrar a su media naranja. Se casó tres veces, había tenido varias relaciones y se hallaba a la mitad de su tercer divorcio cuando Jess Stearn lo invitó a una fiesta en su casa. Ahí se encontraba otra invitada llamada Tara McKean, veinte años más joven que Dick Sutphen y también ante un divorcio. La atracción fue inmediata y mutua.

Dick Sutphen decidió explorar sus propias encarnaciones pasadas para ver si él y Tara habían compartido otra vida. Mientras meditaba en Sedona, Arizona, se vio a sí mismo caminando junto a una hermosa mujer, pensó que era Tara, por un sendero que conducía a un área circular desde donde se veía una bahía. En aquella vida, según lo descubrió, quería marcharse de ese lugar para cumplir con una misión importante. Ella, sin embargo, quería permanecer bajo la protección de sus acaudalados padres. Con lágrimas de por medio, decidieron separarse. Tiempo después, al ver un mapa de Sudamérica, Dick identificó el lugar donde había ocurrido esa separación en su vida pasada: Maracaibo, Venezuela.

Tara, quien nunca antes se había sometido a una regresión, aceptó que Dick la hipnotizara y describió la misma escena. También recordó otras vidas anteriores que habían pasado juntos, las cuales se remontaban hasta la era prehistórica, cuando "Yo cargaba su lanza y hacíamos el amor. Pero no lo amaba. En aquel entonces nunca lo amé".

También pidieron a Alan Vaughan, el conocido psíquico, que les hiciera una lectura de sus vidas pasadas, y él les dijo que habían vivido juntos en Mongolia (donde sus roles sexuales estaban invertidos, pues Tara era el hombre y Dick la mujer), Roma, México, Nueva Escocia y, por último, Sudamérica, en la cual describió una escena muy similar a la que habían visto Dick y Tara en sus propios recuerdos de vidas pasadas.

La pareja se ha vuelto cada vez más allegada. Tara declara: "En verdad lo amo", y agrega: "Todo lo que soy me dice que por fin estamos juntos en el momento y lugar correctos". A esto, Dick añade: "Y esta vez es para siempre".

Como se conocieron en casa de Jess Stearn en Malibu, California, celebraron ahí su boda el 2 de marzo de 1984, ante el azul Pacífico.

"Nunca había visto a Tara más hermosa", escribe Stearn en *Soulmates*. "Pero ahora, con el brillo de sus ojos y el de los de Richard que les respondían, mientras se convertían en el señor y la señora Sutphen, al fin habían logrado la satisfacción que se les había escapado entre todas sus desventuras."

Su unión ha sido bendecida con dos niños —Cheyenne y Hunter— y ambos cónyuges trabajan juntos para promover los conceptos de reencarnación y medias naranjas mediante la enseñanza y el ejemplo de su propia vida. Como veremos en el capítulo siguiente, cuentan con el apoyo de numerosas personas que han orado por renacer para defender el concepto de reencarnación.

7
Reencarnación colectiva

Enterrados vivos

Dick Sutphen, famoso inductor de regresiones y conferencista californiano, cree que un suceso ocurrido hace más de 1400 años lo ha motivado y dirigido en esta vida. Más aún, afirma ser una de las 25 000 personas que en los años 581 y 582 D.C. hicieron en México un pacto para renacer cada 700 años y asegurar que su creencia en la reencarnación y otros conceptos metafísicos no se perdieran para la raza humana.

El escenario de este dramático recuerdo de vida anterior fue Teotihuacan, la ciudad de los dioses, en el centro del México precolombino, unos 53 kilómetros al norte de la actual Ciudad de México. Tras cuatro siglos de crecimiento, Teotihuacan empezó a convertirse en una gran metrópoli más o menos en la misma época del nacimiento del cristianismo. En su apogeo, sus 21 kilómetros cuadrados incluían casas particulares, plazas, templos y palacios. Un sólo camino de 2.4 kilómetros, la Avenida de los muertos, conectaba la pirámide de la luna y sus edificios en el extremo norte de la ciudad, con el Templo de Quetzalcóatl en el Sur. Al Este se encontraba la gran Pirámide del sol. Teotihuacán era una conurbación gigantesca. Más grande que la Roma imperial, alojaba a más de 200 000 habitantes. No obstante, sus gobernantes aún están rodeados de misterio, pues no hay registros de sus nombres o logros. Tras unos mil años de paz y prosperidad, la ciudad sufrió un desastre de grandes proporciones: fue saqueada, incendiada y parcialmente destruida.

Aunque los arqueólogos aún tratan de reconstruir la historia de Teotihuacan, Dick Sutphen cree que ha presenciado parte de ese pasado en una visión psíquica y que una voz en su cabeza le ha revelado otras pistas de la caída de la ciudad. Aunque parece difícil de creer, Sutphen tiene muchas cartas de otros estadounidenses que han respondido a sus regresiones a vidas pasadas y lo han ayudado a develar la verdad de la dura prueba que todos enfrentaron.

Narra esta historia en su libro *Earthly Purpose*. Mas, como había tantas lagunas en su conocimiento que incluso corresponsales especializados fueron incapaces de llenar, Dick Sutphen noveló parte del relato para hacer fluir su historia. Inventó nombres para los protagonistas principales y dio vida al relato al mencionar detalles y diálogos que son claramente inventados. Para empeorar las cosas, según los escépticos, sus personajes principales son figuras encapuchadas provenientes de la Atlántida que portan varas de cristal azules y resplandecientes las cuales pueden darles un poder tremendo (¡residuos de *La guerra de las galaxias*!). Pero Dick Sutphen está seguro de que todo ocurrió como lo describe.

Sutphen cree que los poderes del mal —representados por la religión del jaguar— decidieron sustituir la religión existente en Teotihuacan, que era de amor y luz. A medida que los soldados se aproximaban, según dice, Xrote, el Anciano, dijo a sus seguidores:

> Nadie podrá controlarlos siempre y cuando acepten que lo que saben es verdad. No importa el resultado de esta batalla, el opresor no puede tocar nuestra alma. Regresaremos y podemos elegir hacerlo juntos y portar la antorcha de la luz como un objetivo común. Hagamos que esto ocurra cada 700 años.

La multitud de 25 000 personas repitió este llamado una y otra vez. Después, 35 sacerdotes (incluido Sutphen en su encarnación anterior), y al menos 200 simpatizantes, fueron capturados, conducidos fuera de la ciudad y arrojados a un foso recién cavado. Ahí los hicieron permanecer de pie toda la noche, y al día siguiente arrojaron 100 personas más. Entonces llegó Khatic, líder de la religión del jaguar, y les dijo con desprecio: "Si van a volver en 700 años, juro ante la tumba de mi padre que yo también estaré ahí". Así pues, la batalla entre el bien y el mal parece destinada a continuar y los creyentes en la reencarnación siempre encontrarán oposición. Con eso, ordenó a sus soldados que enterraran vivos a sus oponentes.

Esta narración es tan mala que, o es cierta o fue escrita con la esperanza de venderla como película taquillera de Hollywood. Pero antes de burlarnos, debemos considerar otros casos de reencarnación colectiva que sugieren que en verdad hay grandes grupos de personas que reencarnan con un propósito.

Los cátaros renacidos

La pregunta que Dick Suthpen no intenta responder es qué hizo este grupo de almas hace 700 años, cuando se supone que renacerían para cumplir su promesa por primera vez. Quizá Arthur Guirdham, el primero en escribir acerca de la reencarnación colectiva, catedrático de Oxford, doctor en medicina, psiquiatra, científico y filósofo, tenga la respuesta. Muchos de sus escritos abordan acontecimientos ocurridos hace unos 700 y 800 años, más o menos la época en que Sutphen y su grupo habrían cumplido su promesa.

Nacido en 1905, Guirdham ganó la Governor's Clinical Gold Medal en el Hospital de Charing Cross,

Londres, en 1929 y fue psiquiatra consultor principal en el área de Bath del condado de Somerset durante más de 30 años. A él no le habría sido difícil aceptar el relato de Dick Sutphen sobre las siniestras connotaciones tras la masacre de Teotihuacan, pues consideraba que el mundo libraba una batalla cósmica entre el bien y el mal. También estaba seguro de que todos vivimos muchas vidas.

Sin embargo, el concepto de reencarnación grupal se le impuso en sus años de madurez cuando una paciente suya, a quien llamaba señora Smith, le confió sus extrañas experiencias. Incluían un conocimiento psíquico detallado del catarismo, creencia herética en el dualismo, popular en el sur de Francia y el norte de Italia siete u ocho siglos atrás. Asimismo descubrió lugares en Francia que le resultaban familiares, en especial St Jean Pied de Port, sitio que visitó por primera vez en 1960 y donde pudo conducirse como si se encontrara en su propia ciudad. Por otro lado, en Toulousse, y sobre todo en su catedral, se horrorizó. Fue ahí donde a los cátaros se les juzgó y culpó de herejía.

Al principio, Guirdham se impacientaba con sus relatos, a los que consideraba fantasías, aun cuando él mismo había sentido una extraña atracción por Francia, en especial Languedoc y los Pirineos. Ella le contó un sueño recurrente en el cual se llenaba de terror mientras un hombre entraba en su habitación y se acercaba a ella por la derecha. Esto tocó una fibra en el psiquiatra de Bath, pues tenía una pesadilla casi idéntica en la que un hombre se acercaba a él por la izquierda. Ella sabía que la persona de su sueño había cometido un asesinato del cual no se arrepentía. Lo que ocultó a Guirdham en su primera entrevista —y durante largo tiempo— fue que descubrió que el propio psiquiatra había sido Roger Isarn, su amante cátaro.

De aquí derivaron coincidencias, incluidas dos mujeres que le dijeron que estaban seguras de que él había sido cátaro en una vida anterior, lo cual obligó a Guirdham a profundizar más en las afirmaciones de la señora Smith. Con base en la información que ella le dio y en sus investigaciones posteriores, se convenció de que el insensible asesino que aparecía en los sueños de ambos era Pierre de Mazarolles, famoso cátaro identificado como uno de los asesinos de los inquisidores que exterminaron la herejía dualista.

Es una historia complicada y Guirdham, quien murió en 1992, la narró en su libro *The Cathars and Reincarnation*. No obstante, incluso a los escépticos les cuesta trabajo descartarla sin incurrir en engaño o hacer uso de alguna explicación psíquica para los nombres y otros detalles relacionados con los principales actores, incluido Guirdham. Mucha de esta información no estaba disponible en esa época. Por ejemplo, en 1944 la señora Smith declaró que los cátaros usaban túnicas de color azul oscuro. Los expertos habrían considerado esto como algo incorrecto pues estaban seguros de que las túnicas de los cátaros eran negras, pero veinte años después salió a luz la evidencia de que en realidad las túnicas de los cátaros eran de color azul oscuro. El psiquiatra inglés se convenció de que él y un grupo de personas conocidas entre sí habían vivido y muerto juntos como cátaros. Amplió esta afirmación en otros libros como *The Lake and the Castle* y *We Are One Another*, en los que alguien más, la señorita Mills, proporcionó abundante información sobre el catarismo por medios psíquicos. Poco a poco aparecieron más personas, aparentemente miembros renacidos del grupo.

Para valorar en su justa medida la historia de Arthur Guirdham debemos leer todos sus libros, pero el mejor resumen de ellos aparece en la excelente y sensata obra *Reincarnation: Ancient Beliefs and Modern Evidence*, de David Christie-Murray. Ahí, dice:

"Si la reencarnación colectiva no es aceptable como explicación, entonces debe encontrarse otra. Es difícil sugerir una interpretación psicológica normal a esto. La serie de coincidencias y relaciones es demasiado extraña para explicarse por mera casualidad, y los hechos registrados no encajarán en ninguna hipótesis ordinaria. Guirdham escribió: 'Toda la experiencia se ha vuelto tan vasta que ahora puedo hacer poco más que registrarla'."

La tribu ha regresado

Con seguridad, un sentimiento similar experimentó Janet Cunningham, terapeuta de Estados Unidos cuyo trabajo inicial en pacientes con sobrepeso la llevaron a descubrir que este desorden suele tener su causa en una vida pasada. Entonces, se vio atrapada en recuerdos y experiencias psíquicas de personas de varias partes de Estados Unidos, quienes parecían recordar una vida anterior como un grupo de indígenas estadounidenses aniquilados por soldados blancos. Pero luego salio a luz que ella misma había sido figura clave en el violento drama, a pesar de sus esfuerzos por permanecer como observadora imparcial.

Creía que este grupo de regresión tenía un propósito en particular. Las personas a quienes inducía regresiones al pasado compartido, en el cual todos eran miembros de la tribu ogala de las Dakotas, renacieron juntas en el siglo XX para sanar del sufrimiento soportado en una existencia anterior. Habían renacido sólo en sentido temporal: geográficamente, muchos vivían lejos unos de otros. Más, todos se habían interesado en Janet Cunningham y su trabajo.

Por su parte, la terapeuta de vidas pasadas dice que se cuidó de no hacer preguntas que dirigieran a los pacientes durante las sesiones de hipnosis. Tampoco comentó con otras personas lo que ahí se dijo, aun cuando ellos describían los mismos sucesos o se reconocían uno a otro en sus recuerdos de vidas pasadas. Al final, los miembros renacidos de la tribu se sentaron agrupados y recordaron los espantosos detalles del trágico acontecimiento. Es una historia emotiva que tuvo gran resonancia en todos los presentes, incluida la autora.

En su libro *A Tribe Returned*, Janet Cunningham revela de manera un tanto renuente que en esa encarnación ella fue Estrella fugaz, hija de Águila plateada, líder de la tribu. Murió a los catorce años después de que los soldados la violaron. Entonces, le sacaron el corazón y se lo dieron a su padre. Como se reveló después, tanto sus hijos como su extrañado esposo en la vida actual eran miembros de la tribu. Y por si esto fuera poco, añade, los soldados blancos que la asesinaron hoy están casados con algunos miembros de la tribu que aplastaron, pues así buscan expiar su culpa.

Aunque las personas implicadas en este drama de renacimientos no tienen ninguna duda acerca de su autenticidad, Janet Cunningham se empeña en mantener su objetividad hasta el final. Admite que no sabe si todo es verdad porque no ha podido encontrar evidencia alguna de que ocurriera la matanza de la tribu ogala.

"¿No será que el inconsciente de todos los involucrados hizo contacto y creó una metáfora?", pregunta ella. "Puede ser. O quizá en verdad seamos una tribu que ha regresado."

El pueblo que reencarnó

Por coincidencia, otra terapeuta de vidas pasadas escribió un libro sobre reencarnación colectiva poco antes de aparecer el de Janet Cunningham. En él, Marge Rieder afirma que, por medio de la hipnosis, 50 residentes del mismo pueblo de Estados Unidos pudieron recordar una vida previa juntos en un pequeño pueblo del que ninguno tenía referencias anteriores.

Su historia empieza con una visita a la periodista Maureen Williamson a Lake Elsinore, California, en noviembre de 1986. Llamó a un café y pidió una rebanada de pastel de zanahoria y escribió el nombre John Daniel Ashford. Ambas acciones la desconcertaron pues odiaba el pastel de zanahoria y no conocía a nadie con ese nombre.

Después, bajo hipnosis, dijo a Marge Rieder que antes se llamó Becky y Ashford había sido su esposo durante la Guerra Civil estadounidense, cuando vivían en Millboro, Virginia. Ninguna de las dos había escuchado sobre dicho lugar, pero lo encontraron en el mapa. En una sesión posterior, Becky reveló que Barbara Roberts, jefa de Maureen en esta vida, había sido su suegra en Millboro. Barbara accedió a que la hipnotizaran y, en efecto, describió el pequeño pueblo de manera muy similar a la de Becky.

Pero, ¿acaso había otros residentes de Lake Elsinore que también vivieron en Millboro en una existencia anterior? "Sí," respondió Becky, para asombro de la hipnoterapeuta, "había 50". Entre ellos el investigador privado Joe Nazarowski, cuya esposa era amiga de Maureen. Becky lo recordaba como Charley Morgan y él también aceptó someterse a regresión. Mediante la hipnosis, Joe Nazarowski reveló que fue soldado confederado a quien enviaron a Millboro como agente secreto para destruir un túnel de ferrocarril. Ahí conoció a Becky —entonces era madre de ocho hijos— y tuvieron un romance. Aunque su esposo peleaba por el norte, Becky apoyaba al sur, al igual que Charley Morgan. Su amorío acabó en tragedia cuando un villano llamado Jake Bauer la estranguló frente a sus hijos.

La historia completa, con fotografías de muchas personas involucradas, se narra en el libro de Marge Reider *Mission to Millboro*, pero admite que a pesar de tener varios datos comprobables (algunos se presentan en el capítulo 19), hasta ahora ni la autora ni los demás actores en esta reencarnación grupal han hallado evidencia de que John Ashford, Becky, o su suegra alguna vez, hayan vivido en Millboro. Tampoco hay registro alguno del asesinato de Becky ni del ahorcamiento de Jake Bauer.

Marge Rieder insiste en que, sea cual sea la explicación, sus sujetos no rememoran información asimilada en esta vida y luego olvidada (fenómeno conocido como criptomnesia). Dice que, con excepción de dos individuos, ninguno había escuchado sobre Millboro; y tampoco habían estado en Virginia cuando comenzó la investigación. Una teoría para explicar su fracaso por encontrar a tres de los personajes principales es que los registros se alteraron para encubrir el asesinato. Sin embargo, los escépticos dirían que hay una explicación más sencilla: eso nunca ocurrió.

En sus intentos por desenmarañar el misterio, Marge Rieder utilizó técnicas interesantes, incluida la regresión simultánea de varias personas para describir sus relaciones simbólicas, y la hipnosis en movimiento: el sujeto ve dos temporalidades, pasada y presente, superpuestas entre sí.

El retorno del samurai japonés

Un grupo de reencarnación muy distinto fue descubierto por Alex Weeks, terapeuta inglés, durante un proyecto de investigación con hombres homosexuales seropositivos. Me buscó para preguntarme si podía publicarle en la *Reincarnation International Magazine* sus hallazgos preliminares, basados en 300 recuerdos de vidas pasadas de 50 homosexuales. Sabía que los miembros más sensacionalistas de los medios deformarían los resultados de su investigación y sacarían conclusiones falsas y anticipadas, mientras nosotros las trataríamos con imparcialidad y alentaríamos a realizar trabajos similares con el fin de reproducir sus resultados. Alex Weeks explicó que, como gay y budista tibetano, el propósito principal de su investigación era espiritual.

Durante cierto tiempo le había preocupado que quienes escribían sobre reencarnación asumían que los homosexuales no eran sino mujeres aprisionadas en cuerpos masculinos. Él no lo creía, pero comprendió que no se habían realizado suficientes investigaciones serias en esta área como para afirmarlo. Su proyecto le tomó cinco años y, según dice, muestra "tendencias muy claras" respecto a homosexuales con sida. Las tendencias, comenta, "empiezan a ser asombrosamente congruentes". La más interesante involucra a una compañía de personas: término empleado para describir a un grupo que tiene vínculos o, dicho en términos científicos, forman parte de un estudio.

De acuerdo con Alex Weeks, estas personas:

> parecen haber tenido conexiones con guerreros Samurai, además de sanguíneas y ese tipo de cosas. Existe un vínculo muy definido entre nueve o diez personas que no se conocen entre sí, pero hablan

sobre el mismo lugar de Japón, las mismas circunstancias y el mismo periodo histórico: el siglo XIII.

Alex Weeks prosigue sus investigaciones y cuida mucho de sacar conclusiones prematuras. Sin embargo, hace esta observación: "Parece ser que, en lo que respecta a homosexuales con sida, hay grupos de personas que tienden a juntarse y reencarnar juntos".

8
En busca de lamas renacidos

Donde florecen durazneros

La persona reencarnada más famosa del mundo es, por supuesto, el Dalai Lama, líder espiritual y político de Tíbet, exiliado en India desde que los chinos invadieron su región. Tras sus muertes en cada vida, sus seguidores buscan a la persona en quien ha renacido con base en una curiosa mezcla de predicciones psíquicas y objetividad científica. Se cree que hoy se encuentra en su decimocuarta encarnación. El propio Dalai Lama utiliza sus poderes intuitivos, así como oráculos, para confirmar la reencarnación de otros eminentes lamas del budismo tibetano. Y en su última vida parece que dio extraordinarios indicios de dónde renacería.

Esto ocurrió poco después del fallecimiento del decimotercer Dalai Lama en 1933. Su cuerpo fue expuesto en el Palacio de Potala en Lhassa, hogar de los Dalai Lamas durante siglos, en la posición tradicional de Buda, mirando hacia el Sur. Mas una mañana se notó que, de manera milagrosa, su cabeza había girado hacia el Este. Entonces se consultó al oráculo del Estado quien, en estado de trance, arrojó un pañuelo blanco en dirección del sol naciente, con lo cual confirmó que el decimocuarto Dalai Lama nacería en el Este. Parte del proceso de adivinación empleado incluyó visitar el lago sagrado Lhamo Namtso y observar sus aguas azules y profundas en busca de visiones que proporcionaran pistas de su paradero.

El joven regente que tenía esta responsabilidad vio en el lago un monasterio de tres pisos con techos de oro y cobre. Un camino sinuoso conducía a una montaña y una especie de edificio rústico estilo chino de tamaño moderado, con distintivos faldones labrados y pintados de azul. Cerca de ahí estaban un duraznero floreciente y una mujer con un bebé en sus brazos. Esta imagen fue debidamente registrada y guardada herméticamente para que nadie pudiese alterarla: enfoque que complacería a cualquier investigador actual de casos de reencarnación que se precie de serlo. De hecho, tales procedimientos científicos se han empleado en Tíbet desde hace varios siglos, desde los primeros años del linaje del Dalai Lama, iniciado con el nacimiento de Gedun Truppa en 1391.

Entonces, tres grupos formados por monjes y al menos un oficial laico del Estado iniciaron una búsqueda en la región al este de Lhassa, dirección hacia la que giró la cabeza del decimotercer Dalai Lama. Llevaron con ellos algunos objetos que habían pertenecido a su líder y otros que no, con el loable propósito de determinar si una presunta reencarnación del Dalai Lama podía diferenciar entre ambos.

La búsqueda continuó durante un tiempo considerable hasta que uno de los grupos llegó a Jye-kundo, hogar de Panchen Lama, uno de los líderes más venerados del budismo tibetano, quien accedió a darles una audiencia. Les dijo que había escuchado sobre tres muchachos que podían ser la nueva encarnación, y todos vivían cerca del monasterio de Kumbum. Al investigar, el equipo encontró que el primero había muerto; el segundo huyó llorando al verlos llegar; el tercero vivía en la lejana aldea de Pari Takster.

El grupo decidió enviar una delegación disfrazada a la aldea. En ella iban Lama Keutsang Rinpoche, quien dirigía la búsqueda, vestido como sirviente, y Tsedrung Lobsang Tsewang, oficial menor que fingió ser el líder. Cuando pasaron por la casa, notaron que coincidía con la visión en su apariencia y ubicación, y además estaba junto a un duraznero florecido mucho antes de temporada. Dijeron ser peregrinos camino a un santuario chino y pidieron alojamiento. Se les concedió y, como protocolo, la familia recibió en persona al líder del grupo mientras a los sirvientes se les llevaba a comer. En la cocina había un chiquillo jugando y que, tan pronto como vio a Keutsang Rinpoche disfrazado, gritó: "¡Lama! ¡Lama!". Resultó en particular impresionante, pues la familia hablaba en dialecto amdo, en el que la palabra para lama es aga. El niño se sentó en el regazo del lama y de inmediato tomó el rosario que llevaba puesto mientras decía: "Esto es mío, ¿me lo das por favor?". Se trataba del rosario del decimotercer lama. Dijo que se lo daría si adivinaba quién era él. La respuesta no le dejó duda alguna de que era la reencarnación del Dalai Lama.

"Sera-aga", respondió.

Como se dijo, Keutsang Rinpoche era líder de Sera, uno de los tres grandes monasterios cercanos a Lhassa. Se llamó al resto y se realizaron más pruebas con los objetos que habían llevado. El chico identificó a la perfección todo lo que había pertenecido al Dalai Lama anterior. También se le hizo un examen físico que reveló más señales asociadas con su líder, de quien se dice que es la encarnación divina de Chenrezi, Gran Buda de la Misericordia. Éstas incluían una marca con forma de concha en la piel y dos pequeñas protuberancias de carne bajo las axilas, las cuales representan los dos brazos adicionales con que suele mostrarse a Chenrezi. Otra evidencia fue la capacidad del niño para hablar el dialecto de Lhassa, el cual conocía bien en su encarnación previa pero nunca había hablado o escuchado en casa. Por casualidad, solía decir a sus padres que algún día iría a Lhassa.

En el verano de 1935 el chico, su familia y el resto del cortejo emprendieron el largo y difícil camino de regreso a Tíbet. Al llegar a Lhassa, dio aún más pruebas de su verdadera identidad, incluida una referencia a cierta caja en la que dijo estaban sus dientes. Cuando la caja fue abierta, se encontraron los postizos del decimotercer Dalai Lama.

Los lamas rivales

Lo que convierte la reencarnación del Dalai Lama y otros líderes del budismo tibetano en algo inusual es que parecen regresar a cada vida para proseguir su trabajo, desempeñando el mismo papel de su existencia anterior. Para el resto de nosotros, una nueva vida trae retos nuevos y responsabilidades diferentes.

Así como el Panchen Lama tuvo un papel importante al guiar el equipo de búsqueda del Dalai Lama renacido, al propio Dalai Lama se le consulta tras la muerte de Panchen y otros lamas principales. Pero esto puede traer enormes problemas al líder espiritual de Tíbet, como muestra la historia reciente.

A la muerte del décimo Panchen Lama en 1989 a los 51 años, se organizó la acostumbrada búsqueda de su reencarnación, en la cual participaron dos equipos de búsqueda rivales. Por un lado, la mayoría de budistas tibetanos insistían en que su líder espiritual debía ser el primero en identificar al Panchen renacido. Por el otro, las autoridades chinas se empeñaban en que ellas debían ser las responsables de encontrar y nombrar al nuevo Panchen Lama. Al hacerlo, impondrían su autoridad en Tíbet y serían capaces de influir en sucesos futuros, pues su Panchen elegido se encargaría de confirmar la reencarnación del siguiente Dalai Lama cuando muriera el actual.

En otras palabras, la reencarnación no era sólo cuestión espiritual o religiosa, se había convertido en asunto de política internacional.

Tras una búsqueda de seis años del nuevo Panchen Lama, el Dalai Lama confirmó en público que Gedhun Choeky Nyima, de seis años e hijo de nómadas, era la reencarnación que habían buscado.

Sin embargo, el niño y sus padres desaparecieron desde que el Dalai Lama hizo su anuncio y las autoridades chinas rechazaron la solicitud de permitir al chico prepararse como monje principal. Se cree que están bajo arresto domiciliario —tal vez en Beijing—

y algunos temen por la vida de la familia. Chadrel Rinpoche, abad del monasterio de Tashilhumpo, también desapareció por la misma época, y al parecer está bajo custodia del Estado. Había sido líder del equipo de búsqueda de las autoridades chinas que intentaba rastrear la reencarnación del Panchen Lama, y no es coincidencia que lo hallan detenido en Chengdu el 17 de mayo de 1995, tres días después de que el Dalai Lama identificara a Gedhun Choekyi Nyima como Panchen Lama renacido. Parece probable —las autoridades chinas sostienen esta perspectiva— que Chadrel Rinpoche y su equipo también identificaron al chico como la verdadera reencarnación, y de alguna manera regresaron esta información al Dalai Lama, cuya propia búsqueda había llegado a la misma conclusión. Al hacer su anuncio, con palabras bien elegidas, el líder tibetano exiliado ganó la mano a China, la cual no tuvo otra opción que confirmar la elección de Panchen Lama o presentar su propio candidato. Eligió lo segundo.

Siete meses después, los chinos nombraron a Gyaincain Norbu, niño chino de seis años, como su elegido. Con base en agüeros y otras señales, el equipo chino había identificado y entrevistado hasta entonces a tres posibles candidatos, pero resultaba claro que ninguno era la reencarnación. De este modo, el asunto se decidió en una lotería —algo no raro en el budismo tibetano—:se inscribieron sus nombres en tablillas de marfil, colocadas en una urna de oro. Esto se llevó a acabo en el templo de Jokhang en Lhassa, Tíbet. Bajo la supervisión de Luo Gan, importante oficial chino, y 200 más monjes budistas, se dio varias vueltas a la urna. La luz de las tradicionales lámparas de manteca de yac parpadeaban al amanecer mientras un monje principal cogió una de las tablillas. En ella estaba escrito el nombre de Gyaincain Norbu, quien esperaba el resultado de la ceremonia junto con los otros dos Panchens potenciales en una habitación del templo.

Pocos días después, el 8 de diciembre de 1995, tuvo lugar el nombramiento de Gyaincain Norbu en el monasterio de Tashilhumpo, hogar tradicional del Panchen Lama en la ciudad tibetana de Xigaze. Asistió Li Tieying, miembro del gabinete chino. Lo irónico del asunto es que el gobierno chino —voz del comunismo oficialmente ateo— dio todo su apoyo y bendiciones a esa ceremonia de reencarnación budista tibetana. Es obvio que tenía un motivo oculto.

Crisis como la del Panchen Lama no son nuevas en Tíbet, pues también existen dos Gyalwa Karampas. Como líder de los sombreros negros, secta kagyudpa del budismo tibetano fundada en el siglo XI, el Karmapa se considera segundo en rango después del Dalai Lama, quien encabeza a los sombreros amarillos, secta gelugpa. El monasterio del Karmapa se localiza en Rumtek, Sikkim, que fue reino independiente en los Himalayas, pero desde 1975 estado número 32 de India. Se dice que, poco antes de morir, el Karmapa siempre predice dónde, cuándo y en quién renacerá. Uno esperaría que esto resolviera los problemas surgidos con la última encarnación del Panchen Lama y, si los procesos se sometiesen al escrutinio apropiado, satisficiera incluso las exigencias de científicos en cuanto a pruebas de reencarnación. Por desgracia, tales esperanzas fueron efímeras...

El demonio Lama

La decimosexta encarnación de Gyalwa Karmapa murió en 1981. Al saber que padecía cáncer, decidió pasar sus últimos días en Estados Unidos porque, según dijo: "mi cuerpo está en Occidente y mi mente renacerá en Oriente". Se dice que, con esto, deseaba bendecir a todo el hemisferio. Sus seguidores informaron que, durante sus últimos días, cáncer, diabetes y tuberculosis desaparecían de repente y luego reaparecían, lo cual indicaba que el suyo no era un cuerpo ordinario. También que médicos del hospital de Chicago donde lo atendían quedaron asombrados cuando murió, pues el área alrededor de su corazón permaneció tibia durante dos días, y su piel, en lugar de enfriarse, se conservaba elástica. No se publicó ningún registro médico que confirme estas declaraciones tan notables. Además, su renacimiento como decimoséptimo Gyalwa Karmapa resultó igual de polémico. De acuerdo con su práctica normal, no hizo una predicción verbal de cuándo, dónde y en quién renacería. En cambio, la escribió para que todos la pudiesen leer en fecha posterior. Pero, ¿dónde la puso? Por lo regular, la hubiese dado a algún individuo de confianza con instrucciones de revelar sus contenidos en el momento oportuno. Esta vez, la escondió.

Durante ocho años, sus seguidores buscaron el papel que anunciaría su reencarnación. Entonces, Tai Situpa, su primer discípulo, recordó que en una ocasión el Karmapa le dio un talismán protector (una cajita y una cuerda), y le dijo de manera enigmática: "Un día esto te será útil". Al examinarlo más de cerca en 1990, Tai Situpa descubrió la carta de predicción escondida en su interior. El Karmapa la escribió en forma de poema:

Emaho. La autoconciencia siempre es felicidad;
El dharmadhatu no tiene centro ni orilla.

Al Norte, (en) el Este de (la tierra) de nieve,
se encuentra un país donde el trueno divino resplandece espontáneamente.

(En) una hermosa tierra de nómadas con la señal de la vaca,
el método es Dondrup y la sabiduría es Logala.

Nacido en el año que se usó para la Tierra
(con) el milagroso y potente sonido del blanco:
Es (él) a quien se conoce como Karmapa.

A él lo sostiene el señor Donyo Drupa.
No es sectario y se extiende en todas direcciones;
No está cerca de unos y lejos de otros, pues es el protector de todos los seres:
Mientras beneficia a otros, el sol del dharma de Buda siempre resplandece.

El Karmapa tenía cuatro hijos espirituales quienes, al momento de su muerte, fungieron como regentes con la responsabilidad de buscar su nueva encarnación. Uno de ellos, Kunzig Shamar, quien sí estaba emparentado con Karmapa —su sobrino—, declaró de inmediato que la carta era falsa y la había escrito Tai Situpa, otro regente. Sin embargo, el Dalai Lama, quien encabeza todas las demás sectas, autentificó la carta al compararla con la escritura del Karmapa y mediante sus poderes psíquicos.

Se tomó la decisión de enviar alguien a Tíbet en busca del Karmapa reencarnado, pero el regente electo, Jamgon Kong Frul, nunca llegó a su destino. Murió en misterioso accidente automovilístico sin otro vehículo involucrado y en un camino vacío. Al parecer, su auto chocó con un árbol, pero algunos budistas afirman que mostraba señales de explosión en el frente. De este modo, la búsqueda del decimoséptimo Karmapa debía enfrentar acusaciones de fraude y rumores de asesinato. No obstante, la búsqueda prosiguió, y la predicción escrita demostró ser acertada.

El 23 de julio de 1992, la oficina del Dalai Lama anunció que había concedido su sello de aprobación y reconocimiento finales al decimoséptimo Gyalwa Karmapa, a quien dio el nombre de Ugen Thinley, alias Apo Gaga. Hijo de Karma Dondrup Tashi y su esposa Loga, Ugen Thinley nació el 26 de junio de 1985 (año del buey de madera) en el distrito de Bakor, provincia de Lhathok en el Tíbet ocupado.

En esta ocasión las autoridades chinas no tardaron en reconocer a Ugen Thinley, de siete años de edad, como decimoséptimo Karmapa. Pero el regente Shamar Rinpoche —quien había alegado que la carta era falsa— no hizo lo mismo. En febrero de 1994, envió en secreto a su propio candidato, Tenzin

Chentse, de diez años, fuera de Tíbet y vía Hong Kong, hasta Delhi, capital de India, y sostuvo una conferencia de prensa para anunciar que este muchacho era el verdadero Karmapa. Shamar admitió que no había carta de predicción sobre su candidato, pero dijo que su nacimiento fue predicho en un mensaje transmitido por el último Karmapa a un eminente lama de otra secta cuya identidad se revelaría a su debido tiempo. Al parecer, ese momento no ha llegado aún y, entre tanto, Ugen Thinley recibe entrenamiento espiritual en el monasterio de Tsurphu.

Todo debe resultar desconcertante, por decir lo menos, para los budistas tibetanos. Pero parecen aceptar estos avances estoicamente y con el mismo grado de tolerancia y falta de agresividad con que han respondido a la violación de su tierra y su gente por parte de los chinos. Una experta no tibetana en budismo arroja un poco de luz. Norma Levine, nacida en Canadá de ascendencia judía, narra la lucha por el poder en el número 2 de *Reincarnation International Magazine*:

"Lo curioso es que hace más de 500 años predicciones del Karmapa sostenían que en el periodo que transcurriría entre la decimosexta y la decimoséptima reencarnaciones, el linaje estaría a punto de extinguirse. Renacería un demonio lama a quien incluso llama Natha, que significa pariente o sobrino. También decía el Karmapa que el poder de las torcidas aspiraciones de este demonio casi acabaría con el linaje."

Sin embargo, está segura de que no será así, pues Buda, quien predijo la llegada del Karmapa —nombre que significa "maestro de actividad"— afirmó que éste tendría 21 encarnaciones. Entonces, al parecer, el bien triunfará sobre el mal, y el decimoséptimo Karmapa vivirá para morir cuatro veces más.

De manera similar, la política mundial no debería evitar que los verdaderos Dalai Lama y Panchen Lama prosigan su viaje espiritual y renazcan una y otra vez para cuidar de las necesidades espirituales de su gente.

Quizá haya llegado el momento de que la ciencia mire más de cerca métodos y resultados de los equipos de búsqueda de las reencarnaciones tibetanas para proporcionar una verificación independiente de los sucesos que rodean cada identificación. Tal vez un día el budismo tibetano invite a investigadores para que participen en tales búsquedas: no para participar en la toma de decisión final, sino para asegurar que los procedimientos empleados satisfagan exigencias científicas.

Imagina el efecto de que el próximo renacimiento del Dalai Lama tenga el sello de aprobación del Panchen Lama y también de alguna institución científica más importante a nivel mundial.

9
Rebeldía incurable

La chica que se ahogó y regresó

La rebeldía adolescente es un fenómeno bien conocido en la mayoría de las sociedades, pero en niños que recuerdan vidas anteriores la renuencia a conformarse puede ocurrir antes, a veces cuando apenas empiezan a hablar. Imagina, por ejemplo, la aflicción que provocó Dilukshi cuando, a los dos años, se rehusó a llamar a sus padres mamá y papá. Insistía en llamar a su madre clooche, que significa tía en Sri Lanka. Después, para empeorar las cosas, exigió que la llevaran a su verdadero hogar en Dambulla, a más de 100 kilómetros de ahí. A pesar de lo mucho que amaban a su pequeña hija, sus padres reaccionaron como lo haríamos nosotros en esas circunstancias y trataron de razonar con ella para disipar su fantasía.

Sin embargo, Dilukshi se mantuvo firme. Incluso reclamó a sus padres por su modo de tratarla. Les explicó que sus verdaderos padres nunca le gritaban, la llamaban cariño o hijita linda. También les comentó que una vez se ahogó en un río, cerca de Dambulla. Inquietos por las persistentes declaraciones de su hija acerca de una vida pasada, solicitaron ayuda del alto sacerdote del templo y la obtuvieron, aunque de manera poco convencional: comentó la situación con I.W. Abeypala, articulista del periódico *Weekend*, quien dio a la historia amplísima publicidad. Esta acción no fue tan irresponsable como podría parecer. Gracias a ella, se contó con un registro escrito y publicado de las afirmaciones de Dilukshi sobre su vida precedente antes de cualquier intento de corroborarlas.

Una de las personas que leyeron la historia fue un hombre a quien el relato sobre la vida y la muerte de Dilukshi resultó muy similar al de su hija Shiromi, muerta en septiembre de 1983, un año antes de que naciera Dilukshi. Él y su esposa se comunicaron al periódico, y el reportero hizo los arreglos necesarios para que la niña y sus padres fuesen a Dambulla para entrevistarse con la pareja. A su llegada, Dilukshi los guió sin problemas hasta la casa, como lo informó I.W. Abeypala a sus lectores: "Yo estuve ahí y vi como la niña identificaba a quienes habían sido sus padres en el nacimiento anterior. También reconoció a su hermano, hermana, tía y abuela. Vi con mis propios ojos cómo los reconocía, de modo que acepté eso como una prueba".

Dilukshi también identificó varias pertenencias de Shiromi, incluido un cuaderno con un dibujo inconcluso que terminó de inmediato. Sin embargo, según señaló después el profesor Erlendur Haraldsson al investigar el caso, como no se hizo ningún intento de mezclar estos objetos con otros que no pertenecieran a Shiromi, la prueba careció de validez científica. Luego, Dilukshi condujo al grupo a la orilla del río y señaló el sitio exacto donde ella, en su vida como Shiromi de nueve años de edad, había caído. Había descrito ese sitio antes del viaje, y decía que se encontraba cerca de un puente peatonal y de los campos de arroz de su padre. Aunque el grupo no vio ningún puente, sí había existido uno en la época en que Shiromi cayó al río y se ahogó.

La historia del renacimiento de Shiromi como Dilukshi apareció en un excelente documental televisivo de la BBC llamado *In Search of the Dead* de Jeffrey Iverson, en el cual se basó el propio Iverson para escribir un libro con el mismo nombre. Él testificó:

> Era claro que los padres de Shiromi aceptaban a Dilukshi como su hija renacida. Nosotros llevamos a la niña y a sus padres ahí con la intención de filmar a ambas familias juntas, y ellos hicieron una fiesta con esto. Dilukshi se sentía en plena confianza y llevó pequeños regalos a quienes habían sido su hermano y su hermana menores en su vida anterior. Fue una reunión alegre y triste a la vez.

Al buscar corroborar tales casos, tendemos a poner bastante énfasis en cotejar las afirmaciones de un niño con los hechos que podemos verificar. Pero no debemos pasar por alto cuán notable es la conducta de los niños que recuerdan vidas pasadas. A veces sus recuerdos no son muy precisos. Quizá no puedan recordar nombres o detalles de manera exacta. Pero a menudo muestran una fortaleza de carácter y una determinación que no resultan de su vida presente: son demasiado jóvenes para haber recibido esta influencia y están en conflicto con los puntos de vista de sus padres.

En el caso de Dilukshi, se trataba de una niña que apenas sabía hablar, pero aun así se rehusaba de manera decidida y directa a llamar mamá y papá a sus padres, pues conservaba una fuerte identificación con otros.

La hija de los recolectores de té

Era la manera en que Subashini bebía té lo que desconcertaba a sus prósperos padres en Sri Lanka: ponía un poco de azúcar en la palma de su mano y la lamía mientras bebía el té. Y no lo hacía de manera experimental, sino por costumbre. Ni sus padres ni nadie más que conocieran lo bebían de esa manera, así que no lo hacía por copiar a alguien.

Otra cosa desconcertante era su miedo extremo a las tormentas tropicales. En una ocasión que enfrentaban una de ellas, les dijo que en su vida anterior había muerto cuando una lluvia torrencial causó un enorme derrumbamiento que enterró por completo la casa en que vivía.

Subashini también podía describir los arbustos de té —que no crecían en la parte de la isla donde ella vivía— y mostrar cómo trabajaban los recolectores. También hizo saber a sus padres que había sido hija de recolectores de té que trabajaban en una plantación en Sinhapitiya, Gampola, a 100 kilómetros de ahí. Asimismo hablaba sobre unos trabajadores tamiles, pero decía que, en esa vida, su familia era budista cingalesa. Subashini era capaz de describir de manera detallada sucesos relacionados con una gran tormenta que derrumbó parte de la montaña sobre la plantación y la había matado, así como a otros miembros de su familia. Siguiendo las instrucciones de su madre, recordó: "Tomé una antorcha, salí y llegué aquí". Sin embargo, ella sabía que un hermano mayor se había salvado porque tras regresar a casa volvió a salir.

Un día, cuando su padre fue invitado a una boda cerca de donde Subashini decía haber vivido, decidió llevarla con él. Conforme se acercaban a la plantación, sintió tal temor de quedar atrapada que debieron regresar antes de hablar con cualquier miembro de las familias afectadas por el desastre. Poco después, cuando los investigadores Godwin Samarartane y Tissa Jayawardane se enteraron de su relato, no les fue difícil comprobar su veracidad. Descubrieron que, tal como ella había dicho, un desastre había azotado el área en octubre de 1977, poco más de dos años antes de que naciera, y que 28 personas perdieron la vida. Una tormenta había provocó un derrumbamiento que había enterrado los hogares de varios recolectores de té, incluido el de la única familia budista cingalesa del lugar. Perecieron madre, padre y tres niños, entre quienes se encontraba una pequeña de siete años llamada Devi Mallika. Uno de los hermanos mayores estuvo en la casa un poco antes, justo como lo mencionó Subashini, pero volvió a salir antes del derrumbe. Una de las hermanas mayores no se encontraba en casa esa noche. Los investigadores concluyeron que, de las 32 afirmaciones de la pequeña Subashini, 25 eran verdaderas.

El hermano y la hermana que sobrevivieron aún trabajan en la plantación y explicaron la extraña manera en que Subashini bebía té. Según revelaron, su familia fue tan pobre que no podían comprar suficiente azúcar para ponerla en una taza. Por eso, la ponían en la palma de su mano y la lamían entre sorbos de té: de la misma manera en que la renacida Devi Mallika parecía hacer en el cuerpo de Subashini.

El niño tendero

Debido a su sistema de castas, India es un país donde las diferencias de comportamiento tienden a ser más desconcertantes si un individuo renace fuera de su propia familia o cultura. Quizá por esta razón en India hay tantos casos sorprendentes de niños que se portan mal o diferente.

En el caso de Parmod Sharma, segundo hijo del profesor Bankeybehary Lal Sharma —especialista en sánscrito y profesor universitario en Bisauli, Uttar Pradesh—, una de las primeras señales de tener recuerdos de vidas pasadas fue cuando pidió a su madre que no cocinara porque él tenía una esposa en Moradabad que preparaba la comida. En ese tiempo, Parmod Sharma, nacido el 11 de octubre de 1944,

¡tenía como dos años y medio de edad! Se quejó de la posición económica de su familia, la cual comparaba con su próspera vida anterior. Les explicó que era uno de los hermanos Moran, tenía una gran fuente de sodas en Moradabad y una tienda en Saharanpur. Según explicó, en aquella vida había enfermado tras comer demasiado requesón y murió en la bañera. Casualmente, en esa vida no le gustaba el requesón y le daba miedo sumergirse en el agua. Parmod Sharma dedicaba mucho tiempo a armar tiendas de juguete y hacer pasteles de lodo. Los rumores sobre su comportamiento llegaron a la familia de Parmanand Mehra en Morabad, cuya vida parecía recordar el niño.

Cuando se encontraron ambas familias, Parmod Sharma insistía en que sus hijos de la vida anterior lo llamaran padre, aun cuando eran mayores que él. "Tan sólo me he hecho pequeño," les decía. Reconoció a varias personas —entre ellas su esposa, "con quien siempre peleaba"— y varios lugares de la zona. También identificó a otras que conoció en su vida previa cuando lo llevaron a Saharanpur. Una de sus múltiples afirmaciones comprobadas fue que él (como Parmanand Mehra) había leído la palma de la mano a su cuñada. Este interés en la quiromancia se transmitió a su vida presente.

Conocer a la familia de su vida pasada tuvo fuerte impacto emocional en Parmod Sharma. Se negaba a abandonar Morabad tras su primera visita y lloró cuando lo sacaron de la casa de la familia Mehra. Poco después desapareció de su casa. Lo encontraron en la estación de ferrocarriles de Bisauli, intentando abordar un tren a Saharanpur para encargarse del negocio de su familia allá.

El joven seductor

Desde el momento en que empezó a hablar, Bishen Chand habló sobre su vida pasada como Laxami Barain, único hijo de un acaudalado terrateniente que no sólo lo consintió y le inculcó el gusto por el lujo y la extravagancia, sino que murió generosamente cuando el chico estaba al final de la adolescencia, pues le dejó una cuantiosa herencia para despilfarrar. La historia que salía de labios del muchacho era bastante inquietante y no lo era menos el hecho de que criticaba a su padre actual por su pobreza, exigía dinero y lloraba cuando no lo recibía. También hacía comentarios despectivos sobre su familia y las circunstancias en que había nacido.

"Ni mi criado comería los alimentos que se preparan aquí", gritaba. Y cuando se le puso ropa de algodón, se la arrancó y exigió ropa de seda. Decía con desprecio que la ropa que usaba su familia no la daría ni a sus sirvientes. Claro que él no tenía sirvientes en esta vida, pero Laxami Barain sí los tenía. En una ocasión, al ver a un hombre salir del apartamento de una prostituta llamada Padma, con quien él creía tener exclusividad, tomó el revólver de su criado y lo mató a tiros. Es probable que su riqueza haya bastado para sobornar a las autoridades, pues nunca se le castigó por su crimen. Pero como Bishen Chand, lo confesaba con toda libertad. También admitía que había gastado su cuantiosa fortuna en comida, ropa, mujeres hermosas y alcohol.

Con una vida así, quizá no debamos sorprendernos al saber que, a los cinco años y medio de edad, haya preguntado a su padre: "Papá, ¿por qué no te consigues una amante? Obtendrás un gran placer de ella". Cuando se le preguntó qué placer, Bishen Chand respondió: "Gozarás de la fragancia de su cabello y sentirás mucha alegría con su compañía".

Bishen conoció a Padma, la prostituta, cuando tenía 23 años y ella 52. "¿Tú eres Padma?" le preguntó. "Sí", respondió ella. Entonces, la abrazó... y se desmayó. Más tarde ese mismo día, ya recuperado, regresó con una botella de vino para tratar de renovar la amistad que ambos habían tenido cuando él era Laxami Barain. Pero Padma lo rechazó. "Soy una mujer mayor. Podría ser tu madre", le reprochó ella. "Perdiste todo en tu vida anterior y ahora quieres volver a perderlo." Y mientras decía eso, ella rompió la botella de vino.

Lo sorprendente aquí es que, aunque niño, Bishan Chand hablaba todos los días sobre su pasado; sus padres, hermanos y hermanas no lo reprendían por sus críticas ni trataron de reprimir sus recuerdos.

El brahmán renacido en una casta inferior

En un caso aún más temprano, el de Jagdish Chandra, el chico comenzó a pedir a su padre que le comprara un auto casi tan pronto como empezó a hablar. Insistía en comer primero —antes que otros miembros de la familia—, se rehusaba hacerlo con personas no hinduistas o ingerir alimentos preparados por ellos, y era muy hostil con los hombres barbados.

Al principio, su padre, el abogado K.K.N. Sahay, dio poca importancia a la petición de su pequeño hijo de que le comprara un auto, pero acabó por preguntarle dónde debía conseguirlo. Jagdish Chandra respondió que él debía conseguir su auto, el cual se encontraba en casa de su padre Babuji, en Benares. Como sabía valorar la evidencia escrita, el padre de Jagdish Chandra anotó con cuidado las afirmaciones de su hijo y envió una carta al periódico *Leader* —publicado en inglés— en la cual pedía ayuda para confirmar la existencia de un hombre llamado Babuji Pandey en la ciudad de Benares —importante lugar de peregrinaje a orillas del río Ganges—, quien había sufrido la muerte de su hijo Jai Gopal.

No pasó mucho tiempo antes de que varias fuentes confirmaran lo anterior y verificaran al menos 24 de las 36 afirmaciones escritas de Jagdish Chandra. También arrojaron luz sobre su extraña conducta, incluso antes de que las dos familias se conocieran. Los recuerdos de Jagdish Chandra no eran vagas generalizaciones, sino memorias muy concretas. Por ejemplo, dijo que su padre (como Jai Gopal) ingería bhang, bebida intoxicante hecha de cáñamo indio, pintaba su cara con polvo o tierra antes de bañarse y era panda: supervisor de un balneario a orillas del río que ayudaba a los peregrinos que se bañaban ahí. También mencionó que su padre escuchaba canciones de una prostituta llamada Bhagwati y había tenido un hermano, Jai Mangal, quien murió por envenenamiento. Todas estas declaraciones resultaron correctas.

Babu Pandey y su familia eran brahmanes, mientras la familia de Jagdish Chandra pertenecía a la casta de los kayastha. Esto explicaría la insistencia del niño renacido en comer primero: existía la costumbre de pedir a los brahmanes que comieran primero cuando compartían la mesa con personas de otras castas, y el pequeño Jagdish Chandra se veía como brahmán.

Su desagrado por los hombres barbados puede atribuirse a la conocida antipatía que los brahmanes sienten por los musulmanes.

Pero su amor por los autos era algo distinto. Parecía tener su origen en el trato complaciente que Babu Pandey había tenido hacia Jai Gopal, a quien llevaba todos los días a pasear en auto por Benares. "Parece ser que Jai Gopal era un niño un tanto mimado", señala el profesor Stevenson, y esto parece haber continuado en su nueva vida, pues K.K.N. Sahay también compró varios autos de manera consecutiva para mantener contento a su hijo.

Aun cuando Jagdish Chandra hubiese obtenido por otros medios la información que daba, "en este caso —como en muchos otros— aún tendríamos que explicar las marcadas actitudes que lo relacionan con la persona que dice haber sido", escribe Stevenson. "A ningún padre kayastha se le ocurriría inculcar (o permitir que alguien inculcara) en su hijo los hábitos y modales de los brahmanes. Esa idea suena bastante absurda..."

Jagdish Chandra hizo un total de 51 afirmaciones, de las cuales se anotaron 36 antes de intentarse cualquier verificación; de ellas, se confirmaron 24 antes de que se conocieran ambas familias. Tras los primeros encuentros, siguió visitando a su familia anterior y ellos se encariñaron bastante con él.

Lo inusual aquí es que sus recuerdos parecen haber persistido hasta la adultez. Fue a la Universidad de Lucknow, estudió derecho y hoy ejerce como abogado en Bareilly, su ciudad natal. Aún es capaz de relatar los recuerdos de su vida anterior a quienes muestren interés.

La intocable renacida como brahmana

La mayoría de los casos examinados en este capítulo tratan sobre individuos que parecen haber descendido de rango en su nueva vida. En otras palabras, renacieron en una vida carente de los bienes materiales —autos, servidumbre, ropa fina, casas grandes— a que se habían acostumbrado, aunque sólo haya sido por unos años. Y, como es de esperarse, se quejan. Sin embargo, existen otros donde la persona renace en mejores circunstancias aunque, como veremos, esta situación puede causar tantos problemas como la contraria.

Por ejemplo, el renacimiento de Swaran Lata en una familia brahmana fue un ascenso, pues la vida anterior que recordaba era como intocable, miembro de la casta más baja. Por desgracia, llevaba consigo modales y hábitos personales toscos, los cuales no le favorecían con su nueva familia. Aunque era una chica adorable, consideraban que tenía conductas sucias y repulsivas. Así, a diferencia de otros miembros de su familia, se mostraba dispuesta a limpiar el excremento de niños más pequeños; de hecho, parecía muy dispuesta a hacerlo. Además, horrorizaba a su familia vegetariana al pedir carne de cerdo.

La niña con dos familias

Situaciones como la anterior cuestionan nuestras propias percepciones de lo que significa tener una buena vida. Por ejemplo, en el caso de Manju Sharma, investigado por la doctora Satwant Pasricha en India, volvemos a toparnos con una niña nacida en familia brahmana que podía recordar una vida mucho más pobre como miembro de la casta artesana. Cuando tenía dos años y medio, Manju comenzó a hablar sobre su vida como Krishna Devi en la aldea de Chaumuha, que tuvo un abrupto final cuando cayó en un pozo a los diez años. Estos recuerdos salieron a luz cuando ella reconoció a un tío suyo de la vida anterior llamado Tanji, y le habló sobre sus recuerdos. Él organizó un encuentro entre la niña y su antigua madre, y la chica se mostró muy amorosa. Al recordar esos sucesos tan tempranos de su nueva vida, contó al escritor Jeffrey Iverson: "Entonces mi hermano de la aldea me llevó a casa de mis padres, y me quedé ahí por diez años".

Haber vivido la mitad de su vida presente con sus padres verdaderos y la otra con los de la existencia anterior no pareció causar en Manju Sharma ningún problema emocional o psicológico. En la actualidad, está casada, tiene dos hijos y aún visita a la familia de Krishna Devi. Por su testimonio, resulta claro que las ventajas materiales de su nueva vida como brahmana significaban poco para ella, quien prefería el humilde entorno lleno del amor de sus antiguos padres, a quienes recordaba tan bien. Ellos también dejaron claro que no la veían como a Manju. "Ella es Krishna", insistió su padre anterior. "Ella es Krishna, nuestra hija en su vida pasada. Nosotros la esperamos en casa." Además, trataba a las hijas de Manju como a sus propias nietas, y explicaba: "Ellas no son extrañas, son parte de mí".

10
Talentos especiales

¿Por qué Mozart, Schubert y Mendelssohn —por mencionar sólo a tres niños prodigio— nacieron con la capacidad de crear música bella? Los tres empezaron a componer antes de cumplir doce años. Y Johann Hummel, Chopin y Yehudi Menuhin tenían tal talento musical que ya daban conciertos a los once. A la misma edad, Pascal, cuyo padre le negó el acceso a cualquier libro de matemáticas, desarrolló en secreto una geometría propia. Mientras tanto, con sólo tres años, el prodigio alemán del siglo XVIII Christian Heinecken ya hablaba latín y alemán, además de dar demostraciones públicas de sus conocimientos de historia, geografía y estudios bíblicos. Por desgracia, su potencial nunca rindió frutos pues murió al año siguiente.

Aunque la música parece inspirar de manera particular a los niños genio, ha habido prodigios en muchas otras disciplinas. Sus talentos son tan impresionantes que algunas personas han sugerido que tal vez los traigan desde una vida pasada. No obstante, debe decirse que los propios niños prodigio no hacen tales afirmaciones y que, en ciertos aspectos, esta insinuación parece poner en duda la genialidad de sus talento y el esfuerzo invertido en sus logros. Hay buenas razones para buscar habilidades o aptitudes especiales, en personas que dicen recordar vidas anteriores, para ver si esos talentos pueden añadirse a las evidencias de reencarnación.

La hermana de Lord Burlington

Tomemos el caso de la londinense Lyndi Clement, madre de cuatro hijos que conserva intensos recuerdos de su vida en la era georgiana. De hecho, recuerda que desde los primeros años de su niñez se sentía como si no viviese en la época correcta, como si no encajara. A menudo, mientras recorre en auto caminos del siglo XX, las imágenes que ve a través de la ventana cambian, y percibe lo que la rodea como era hace 200 años. "Yo escucho los ruidos: ladridos de perros, golpeteo de las pezuñas de caballos, los gritos de la gente", dijo a la escritora Sue Carpenter, quien escribió sobre el caso en su libro *Past Lives: True Stories of Reincarnation*. "Veo mendigos que vagan por ahí y percibo diferentes olores. Nunca he cuestionado esto; siempre ha formado parte de mi vida".

Poco después de que apareció este libro, una empresa televisiva me pidió que juntara a un grupo de personas preparadas para discutir sus experiencias, y Lyndi Clement aceptó la invitación. Cree que en su vida anterior fue Elizabeth Boyle, hermana de Lord Burlington, algo que se reveló durante una regresión hipnótica. Su fuerte identificación con el periodo georgiano le ha dado ventajas sobre otras personas en su profesión. Es diseñadora de vestuario para Opera Restor'd, ha investigado una gran exposición sobre jardines de recreo durante los últimos cuatro años y también organiza decoración y amueblado de casas de campo antes de abrirse al público, trabajos en los que recurre a recuerdos de vidas pasadas para asegurarse de que todos los detalles sean correctos. Su fascinación por los aspectos domésticos de aquel periodo histórico la llevó a asistir a la Real Escuela de Costura, asunto en el que es maestra, así como de diseño, corsetería y costura con patrones del siglo XVIII.

El operador de radio de la Real Fuerza Aérea

Otro ejemplo de un talento especial anterior que se trae a esta vida se me presentó por medio de un joven inglés residente en Holanda. Martin Heald accedió a dar a *Reincarnation Internacional* una entrevista exclusiva sobre su historia, y después cooperó conmigo y una empresa televisiva para realizar un emocionante documental con base en ella. Martin Heald cree que fue operador de radio de la Real Fuerza Aérea derribado durante la Segunda Guerra Mundial, y ha ofrecido evidencias impresionantes.

Sus recuerdos de vidas anteriores comenzaron cuando niño y se desencadenaron gracias a un viejo microteléfono que encontró en un armario. Su padre le explicaba cómo se usaba para enviar mensajes en clave Morse al teclear señales largas o cortas y se lo demostró al enviar la señal internacional de emergencia, SOS. De repente, la escena cambió por completo y Martin vio y escuchó los sonidos de un avión alcanzado por un disparo. Las mismas escenas aparecieron más tarde en su vida, sobre todo cuando vio en la televisión programas sobre el 50 aniversario del Día V, de modo que decidió investigarlas a fondo. Ahora vivía con su novia en las afueras de Amsterdam y consultó a un hipnoterapeuta que pudo regresarlo a la vida que parecía haber tenido. Entonces describió el ataque al avión con mayor detalle, y cuando estalló, supo que nunca encontrarían su cuerpo. Martin Heald dijo su nombre en la vida pasada, Richard Seymour, así como muchos otros detalles, incluso que su padre había sido clérigo. Con el tiempo, verificó esos detalles mediante registros de guerra que mostraban la existencia de un tal Richard Seymour, operador de radio cuyo avión había sido derribado sobre el Mar del Norte, justo como lo había descrito. Toda la tripulación murió y el cuerpo de Seymour nunca se recuperó.

Pero, ¿qué tiene esto que ver con los talentos especiales? En esta vida, Martin Heald decidió unirse a la Real Fuerza Aérea (antes de cualquier comprensión de lo que significaban esas imágenes retrospectivas durante su niñez) y se sometió a varias pruebas. Cuando regresó por sus resultados, se le preguntó si ya conocía la clave Morse. Respondió que no. "Bueno", le dijeron, "Obtuviste el 100 por ciento de aciertos. Es la primera vez que ocurre en la historia de la Real Fuerza Aérea." Como no había vacantes para el trabajo que quería, aceptó otro como operador de radio. Algunos años después, tras regresiones de hipnoterapia, se percató de la importancia del trabajo que hacía en relación con su vida pasada.

Habilidades heredadas

Al igual que el chico brasileño Paulo Lorenz (mencionado en el capítulo 4), quien afirmaba ser la reencarnación de su fallecida hermana Emilia y poseía sus mismas habilidades para la costura, Corliss Chotkin, indio norteamericano de la tribu tlingit, decía que en una vida anterior había sido su propio tío, Victor Vincent, y mostraba un amor similar por las lanchas y el agua. Aprendió cómo echar a andar los motores e, incluso, reparó un motor que su padre no logró reparar. Imad Elawar, chico libanés que parecía ser la reencarnación del francófono Ibrahim Bouhamzy, demostró un rapidísimo aprendizaje de la lengua francesa en la escuela. En capítulos posteriores trataremos estos dos casos con mayor profundidad.

Disna Samarasinghe mostraba una devoción religiosa poco común y un conocimiento precoz de las labores del hogar, como cocinar y tejer techos de paja, rasgos que en efecto poseía la persona que ella decía que fue en su vida anterior. De manera similar, cuando era una niña pequeña, Lalitha Abeyawardena jugaba a ser maestra y, al igual que Disna, mostraba interés inusual en prácticas piadosas. Nilanthie, mujer cuya vida afirmaba recordar, había sido maestra de escuela y persona conocida por su fervor.

No todos los rasgos heredados son buenos. Ha habido casos de niños que recuerdan vidas como ladrones y utilizan esas habilidades en su vida actual para robar carteras o cometer otras fechorías.

El profesor Ian Stevenson señala que deberíamos considerar evidencias de reencarnación, como factor que contribuye a hacernos únicos. En otras palabras, quizá no sólo sea la revoltura azarosa de los genes lo que nos hace como somos. Esto nos vuelve a plantear la pregunta: ¿Qué es lo que inspira a los niños prodigio? "Muchos niños muestran a edades tempranas interés en el trabajo que elegirán como adultos", observa el profesor Stevenson en su libro *Children Who Remember Previous Lives*:

> Entre los grandes músicos podemos encontrar numerosos casos en que la influencia de los padres parece explicar de manera adecuada la expresión temprana del interés y habilidad musicales. Por ejemplo, los padres de Bach, Mozart, Beethoven, Brahms y Elgar fueron músicos. Pero el padre de Dvorák era carnicero, el de Delius comerciante, el de Mendelssohn banquero (aunque bastante culto), y el de Handel barbero cirujano. El caso de Handel resulta en especial ilustrativo. Su padre se oponía a su interés en la música, el cual mostró a muy corta edad. Su madre no le brindó apoyo y, aunque una tía sí lo alentaba, su influencia parecía insuficiente para contrarrestar la firme oposición de su padre.

Aunque no hay evidencias de que Handel o su familia creyeran que era la reencarnación de un compositor talentoso, el profesor Stevenson señala que cualquier intento de entender cómo Handel y otras personas talentosas tuvieron tal don desde la infancia debe considerar recuerdos de vidas anteriores, al igual que explicaciones genéticas.

¿Son los juegos infantiles un reflejo de vidas pasadas?

Si Wijanama Kithsiri no hubiese recordado y relatado su vida como tendero, quizá sus padres se habrían preguntado por qué, cuando regresaba de la escuela, siempre jugaba a la tiendita.

De la misma manera, recuerdos de vidas anteriores parecen explicar por qué Ma Tin Aung Myo y Bajrang B. Saxena jugaban a ser soldados; por qué Vias Rajpal tomaba la temperatura y escuchaba el corazón de sus amigos; y por qué Daniel Jirdi se acostaba bajo un sofá y jugaba a reparar un auto. Algo más inquietante es cuando los niños dramatizan problemas o incluso la causa de su muerte en otra vida. Por ejemplo, los estudios de caso sobre dos niños que recordaban haber sido alcohólicos en su encarnación previa e imitaban a borrachos que se tambalean y caen. Ramez Sharns simulaba que se disparaba con un arma, pues se había suicidado de esta manera en una vida anterior. A Maung Win Aung le gustaba jugar con una cuerda alrededor de su cuello. Sobra decir que recordaba haberse ahorcado.

Así pues, hay evidencias contundentes de que algunas personas no sólo traen a esta vida recuerdos de otras existencias, sino patrones de conducta y aptitudes. Pero, ¿es razonable suponer que, cuando un niño revela un talento a edad temprana, lo ha traído desde otra vida? ¿Hay más explicaciones de esto?

Reencarnación artificial

Cualquier intento de responder las preguntas anteriores debe considerar los notables experimentos del doctor Vladimir L. Raikov, parapsicólogo ruso que acuñó el término reencarnación artificial. Sus investigaciones difieren de las realizadas por personas como el profesor Stevenson, quienes buscan que recuerdos de vidas pasadas surjan en forma natural. Al doctor Raikov no le interesa el concepto de vivir muchas vidas. En cambio, se concentra en el tremendo potencial de la mente, que permanece desperdiciado en su mayor parte por la mayoría de los humanos.

Raikov descubrió en los sesenta una poderosa técnica hipnótica que, según afirmaba, inducía "una nueva forma de trance activo". En esa alteración de conciencia, la cual describía como trance excesivamente profundo, se decía al sujeto que era alguien famoso y con talentos especiales. Entonces se pedía al individuo que demostrara las capacidades de dicho personaje y, por increíble que parezca, desarrollaba las mismas habilidades en corto tiempo.

Al informar sobre estos experimentos, A. Tsipko narraba a los lectores del periódico *Komsomolskaya Pravda* (12 de noviembre de 1966) una demostración presenciada en Moscú, en un estudio de pintura muy grande y bien iluminado por el sol. Un grupo de estudiantes de arte dibujaban una modelo de la vida real, cuando llegó Raikov acompañado del periodista.

"Quiero que conozcan a una de mis mejores alumnas", dijo mientras caminaba hacia Ira, joven de veinte años. Se puso de pie, volteó hacia el visitante, extendió su mano y dijo: "Soy Rafael de Urbino". Cuando le preguntaron qué año era, respondió: "¿Por qué la pregunta? Estamos en 1505, claro está".

Al relatar el suceso en su libro *Psychic Discoveries Behind the Iron Curtain*, Sheila Ostrander y Lynn Schroeder explican que el psiquiatra Raikov no necesitaba corroborar lo que decía Ira, pues sabía "cómo había reencarnado ese Rafael, así como otros tres en el mismo grupo. Raikov los había hecho nacer. Es un maestro de la hipnosis".

Por tanto, lo que hacía Raikov no era explorar la reencarnación, sino evocar el nacimiento del talento. Parece que tuvo un éxito sobresaliente en muchos casos. A Alla, destacada estudiante de física de la Universidad de Moscú, le dijo que era Ilya Repin, gran pintor ruso: "Tú piensas como Repin. Te ves como Repin. Tienes las habilidades de Repin. Eres Repin. Por ende, el talento de Repin es tuyo a voluntad."

Antes de este experimento, Alla tuvo interés o talento para dibujar, como demostraron Raikov y su equipo. Sin embargo, tras unas cuantas sesiones de reencarnación, empezó a dibujar mucho mejor.

"Después de diez tardes como Repin, sintió el deseo de dibujar en su tiempo libre y adquirió la costumbre de llevar consigo un cuaderno de bocetos", añaden Ostrander y Schroeder:

> En tres meses, cuando Raikov concluyó con Alla su curso de 25 lecciones, ya dibujaba como profesional, no como Repin o Rafael, dos de sus muchas reencarnaciones, sino como buena ilustradora de revistas. Su nuevo talento surgió en ella de manera tan vibrante que hoy considera la posibilidad de botar sus teoremas de física y convertirse en dibujante de tiempo completo.

Por supuesto, no ha sido el único caso exitoso. Cuando Raikov y colaboradores realizaron pruebas con veinte estudiantes jóvenes, inteligentes pero sin perfil artístico —a cada uno se le dijo que era algún genio—, en su opinión todos acabaron con un talento nuevo". A menudo, los resultados eran tan asombrosos que los propios estudiantes, cuando volvían a ser ellos mismos, se negaban a creer que habían creado las pinturas que les mostraban.

Al parecer, esto no sugiere que al convertirse en un artista famoso el sujeto pinte con su estilo. Sucede que creer que se es alguien más con un don especial fortalece la confianza y la concentración del sujeto, destruye inhibiciones y bloqueos creativos. Tras un tiempo, esa nueva habilidad se vuelve espontánea.

No conozco ningún estudio en Occidente que reproduzca el trabajo de Raikov y, como ya dije, no tiene peso como evidencia de reencarnación. Sin embargo, parece demostrar la tremenda creatividad de la mente y lo cautos que debemos ser al sacar conclusiones sobre manifestaciones de recuerdos de otras vidas.

11
En dos mentes

Bridey Murphy

Hasta los años cincuenta, muy poca gente decía recordar vidas pasadas, y quienes lo hacían casi siempre eran personas de India, Tailandia, Birmania (hoy Myanmar) y Sri Lanka. Eso cambió con la publicación de un libro estadounidense que pareció revelar la manera en que nosotros recordamos encarnaciones pasadas. En *The Search for Bridey Murphy*, Morey Bernstein narra sus experimentos hipnóticos con Virginia Burns Tighe, identidad oculta bajo el pseudónimo de Ruth Mills Simmons. Cuando estaba hipnotizada, decía ser Bridey Murphy, hija del abogado Duncan Murphy, nacida en County Cork, actual República de Irlanda, el 20 de diciembre de 1798.

Durante seis sesiones, grabadas entre noviembre de 1952 y octubre de 1953, dijo que vivía en The Meadows, afueras de Cork, tenía un hermano llamado Duncan, dos años mayor que ella, y otro menor, muerto de bebé por causa de algo negro. A medida que las sesiones avanzaban, la voz de la ama de casa de Colorado adquiría un acento irlandés más fuerte y su habla era más personalizada. Dijo a Bernstein que, entre semana, asistía a una escuela diurna dirigida por una tal señora Strayne y estuvo ahí hasta los quince años. De hecho, su hermano Duncan se casó con la hija de la señora Strayne, llamada Aimee.

Esta fascinante historia cautivó la imaginación del público, se convirtió en best seller internacional que dio enorme éxito al hipnotizador y ex empresario de Pueblo, Colorado, e incluso se llevó a la pantalla grande. Además, inspiró a otros hipnotizadores aficionados y profesionales a realizar experimentos similares y, de repente, pareció que todo mundo podía explorar sus vidas pasadas.

La historia que surgió bajo hipnosis era muy detallada y contenía afirmaciones que parecían indicar no era producto de fantasía o imaginación. Aunque, según decía Tighe hipnotizada, Bridey era protestante, se casó con un católico, Sean Brian Joseph MacCarthy, y hubo dos ceremonias: una en Cork y la otra en Belfast. Incluso proporcionó el nombre del sacerdote que los casó en Irlanda del Norte —padre John Joseph Goran—, así como de la iglesia y su ubicación: iglesia de Santa Teresa en Belfast. Bridey también empleaba palabras irlandesas que Bernstein no entendía, pero explicaba su significado cuando se le preguntaba. Por ejemplo, hablaba de *brates* (pequeña copa de la inmortalidad) y de *lough* (río o lago). La última palabra aún se utiliza, pero sólo en lagos. Las seis sesiones arrojaron numerosas evidencias fácticas y culturales verificables. Incluso fue capaz de bailar una giga.

Pero, ¿en verdad eran recuerdos de una vida desencadenados por la hipnosis, o sólo una fantasía, una criptomnesia (capacidad del inconsciente de recordar cosas que la mente consciente no puede), o un mero fraude? El propio Bernstein no ha ido a Irlanda a corroborar los detalles, pero sus editores lograron que una firma legal irlandesa, algunos bibliotecarios y otras personas realizaran investigaciones. Encontraron muchas coincidencias con el relato sobre Bridey Murphy, pero también un gran escollo: actas de nacimiento, defunción y matrimonio sólo existieron en Irlanda hasta 1864, año en que murió Bridey Murphy.

Los periódicos estadounidenses de la época convirtieron la historia de Bridey Murphy en campo de batalla. *Chicago Daily News* la publicó por partes, y Chicago American la expuso, pues afirmaba que Tighe vivía frente a una tía irlandesa llamada Bridey Corkell (y no Murphy), quien pudo narrarle historias sobre la vida en Irlanda cuando era niña. Era cierto que Tighe tenía una tía, pero se llamaba de otra manera y la conoció hasta que tuvo dieciocho años. Su nombre era Marie Burns, había nacido en Nueva York —no en Irlanda—, de ascendencia escocesa e irlandesa y había pasado la mayor parte de su vida en Chicago.

Debido a esta polémica, hay libros sobre reencarnación que consideran el relato de Bridey Murphy como fraude, o bien un caso de criptomnesia. Pero también tiene defensores, como el periodista William J. Barker del *Denver Post*, quien pasó tres semanas en

Irlanda investigando. Sus hallazgos se publicaron en un informe de 19 000 palabras llamado *The Truth About Bridey Murphy*, aparecido en su periódico como suplemento especial de doce páginas el 11 de marzo de 1956 y reimpreso de manera extensa en otros diarios estadounidenses y canadienses.

En ediciones posteriores, incluida la edición en rústica, los editores añadieron dos capítulos escritos por Barker en los que detalla evidencias y expresa su opinión acerca de los periódicos que decidieron ignorarlo y sustituyen los hechos con opiniones mal informadas de supuestos expertos:

> En este sentido, los principales agresores han sido un semanario nacional ilustrado... un periódico de Chicago y cierta prensa eclesiástica. Por ejemplo, una revista canadiense publicó un retrato bastante grande de Bernstein con el subtítulo: "El hipnotizador Morey Bernstein engañó al mundo con su búsqueda de Bridey Murphy". El texto adjunto añadía: "Sólo después de haber escrito un bestseller, Bernstein admitió con timidez que *The Search for Bridey Murphy* pertenecía a la categoría de libros

de ficción". Y un periódico de Chicago afirmó temerario que había expuesto a la Bridey Murphy de Denver y ella había admitido que su historia era un fraude. Por supuesto, ambas afirmaciones eran completamente falsas y los abogados de Morey las denunciaron como calumnias.

Uno de los mejores resúmenes de evidencias a favor y en contra de que Bridey Murphy fuese encarnación anterior de Virginia Burns Tighe, fue escrito por C.J. Ducasse, profesor emérito de filosofía en America's Brown University en Providence, Rhode Island, y publicado en la gaceta *Journal de la American Society for Psychical Research* en enero de 1962. También aparece como el capítulo llamado "Bridey Murphy Revisited" en el libro *Reincarnation in the Twentieth Century*, editado por Martin Ebon. Ahí, el profesor Ducasse refuta la mayoría de los argumentos en contra del hipnotizador y su sujeto, aunque dice que las evidencias de reencarnación no son muy sólidas. Por otro lado, dice: "Constituye una evidencia fuerte de que, durante los trances hipnóticos, se manifiestan ciertos tipos de conocimiento paranormal, como el relacionado con esos recónditos hechos de la Irlanda decimonónica".

Es muy probable que el profesor Ian Stevenson concuerde con esta perspectiva. Aunque critica mucho de lo que ocurre bajo el nombre de regresión a vidas pasadas, en varias ocasiones ha corregido a quienes tachan de fraudulento el caso de Bridey Murphy.

Por supuesto, Bernstein no fue la primera persona que realizó tales experimentos. Se dice que llevó a cabo sus investigaciones tras leer un libro de Alexander Cannon, psiquiatra inglés que afirmaba haber inducido regresiones a más de 1 300 sujetos. Un investigador psíquico francés llamado Colonel Albert de Rochas realizó estudios similares en su casa de París a fines del siglo XIX en los que regresaba a sujetos a través de una serie de vidas pasadas. Sin embargo, poco de lo que hizo estaba respaldado por evidencias y no creyó que sus experimentos demostraran la reencarnación.

Las cintas de Bloxham

En los cuarenta y tantos años transcurridos desde que el libro de Bernstein abrió la mente a la regresión hipnótica, se ha suscitado interés público en el tema y aparecido un sinnúmero de libros con historias similares, aunque pocas con la misma repercusión. Una excepción es *More Lives Than One* de Jeffrey Iverson, publicado en 1976 y basado en 400 regresiones grabadas en audio y llevadas a cabo por Arnall Bloxham, quien realizó investigaciones sobre vidas pasadas desde 1940 en su casa de Cardiff, Gales del Sur. Esmerado y respetado investigador, fue electo presidente de la Sociedad Británica de Hipnoterapeutas en 1972.

Muchos sujetos en quienes indujo regresiones lo consultaron originalmente para solucionar problemas que esperaban respondieran a la hipnoterapia, pero luego accedieron a cooperar con su investigación. Uno de ellos, una mujer llamada Jane Evans, estaba interesada en la reencarnación cuando consultó a Bloxham por un problema de reumatismo. Bajo hipnosis, recordó siete vidas, incluida una como joven madre judía llamada Rebecca que vivió en el siglo XII en la ciudad de York, donde ocurrió una matanza de judíos en 1190. Recordó que, como judía, debía llevar una insignia que identificara su religión, y también habló sobre préstamos de dinero, comunes entre los judíos de York y Lincoln. Al principio, pareció que la obligación de llevar la insignia no correspondía con los hechos, pues hasta 1215 las autoridades eclesiásticas de Roma decretaron que los judíos residentes en países católicos debían llevar dicha señal. Pero, las investigaciones de Iverson mostraron que esa imposición se difundió en la Inglaterra del siglo XII, antes de proclamarse.

Otro aspecto de su muy detallada historia pareció erróneo en un primer momento. Al hablar sobre la terrible matanza, en la que algunos judíos prefirieron asesinar a su propia familia a dejar que murieran a manos de los gentiles, Jane Evans recordó cómo ella y sus hijos se escondieron en la cripta de una iglesia con la esperanza de escapar, pero los encontraron y mataron. El problema es que en York las iglesias no tenían cripta.

Entre quienes consultó Jeffrey Iverson para su libro, estuvo el profesor Barrie Dobson, autoridad en historia judía y catedrático de la Universidad de York, quien escuchó las cintas grabadas con los recuerdos de Rebecca y quedó impresionado por su exactitud. Estaba seguro de que sólo historiadores profesionales podrían conocer los hechos narrados. También que algunos detalles eran técnicamente incorrectos, pero reflejaban lo que los judíos de la época pensaban acerca de lo ocurrido. De acuerdo con Iverson, Dobson incluso identificó la iglesia en la que se escondió como la de Santa María en Castlegate.

Entonces, seis meses después de dar su veredicto a Iverson, Dobson volvió a comunicarse para darle emocionantes noticias de la iglesia de Santa María. "Durante su renovación, un obrero encontró algo parecido a una cripta, muy rara en York... fue tapada de inmediato antes de que los arqueólogos de York pudiesen investigarla." Pero, según la descripción del obrero, parecía ser de estilo normando o románico, lo cual indicaba su construcción anterior a la matanza de 1190. Tras analizar el caso y señalar que el relato de Jane Evans bajo efecto de la hipnosis tendía a ignorar los hechos históricos mejor conocidos sobre la vida en el York del siglo XII, Iverson concluyó que sus recuerdos no parecían sólo "una reelaboración directa de versiones de libros de historia sobre la matanza".

En otra de sus vidas, Jane Evans recordó haber vivido en la Francia medieval, alrededor de 1450, como joven criada egipcia llamada Alison en casa de Jacques Coeur, notable príncipe navegante del periodo. Describió con gran detalle intrigas y rumores de él acerca de Agnes Sorel, amante del rey, además del desfavor en que cayó Coeur tras la muerte de Agnes. Supo que lo arrestaron pero nada más, pues él le dio un brebaje envenenado que acabó con su vida.

Dudas planteadas respecto a Rebecca y Alison

De acuerdo con Melvin Harris, escéptico a quien se ha descrito como gran detective de lo sobrenatural, las regresiones de Jane Evans no proporcionan ninguna evidencia de reencarnación. En su libro, *Sorry You've Been Duped!*, Harris dice que los recuerdos de Rebecca "son fantasía... amalgama de por lo menos dos historias de persecuciones diferentes, tomadas de siglos muy separados entre sí". Señala que, durante las regresiones, Rebecca contó en cuatro ocasiones cómo se forzó a la comunidad judía de York a usar insignias amarillas que describe como círculos sobre nuestro corazón. Sostiene que la insignia judía se introdujo en el siglo siguiente, y la usada en Inglaterra consistía en dos tiras blancas y oblongas de tela, que representaban las tablas de Moisés, no el círculo amarillo, insignia que se usó en Francia y Alemania después de 1215. En cuanto a la cripta en la que se escondieron Rebecca y sus hijos, Harris también la descarta, y lo apoya el profesor Barrie Dobson, quien pareció apoyar la historia de la cripta en el libro de Iverson.

El profesor Dobson concedió permiso a Harris para publicar una carta que le escribió el 15 de enero de 1986:

> Aún está por demostrarse si el sótano de la iglesia donde Rebecca dice haberse escondido durante la matanza de los judíos en el castillo de York existía en 1190. La respuesta sólo puede ser un decidido

no, pues hoy parece más probable que la cámara que los obreros descubrieron durante la renovación de la iglesia de Santa María en Castlegate en 1975, no haya sido en absoluto cripta de principios del medioevo, sino tumba posmedieval... En mi opinión, que este sótano o cámara permanezca inaccesible en enero de 1986, no debe incitar a nadie a creer que las referencias de Rebeca acerca de cámaras subterráneas en una iglesia añadan un ápice de autenticidad a su historia. Al respecto, las evidencias disponibles que hoy se revelan son tan débiles que no podrían sustentar ninguna tesis que sugiera que la regresión de Rebecca contenga recuerdos auténticos y directos del York de finales del siglo XII.

Jeffrey Iverson admitió que un aspecto en el otro recuerdo de Jane Evans —su vida como Alison en la Francia medieval— lo desconcertó:

¿Cómo pudo saber que Coeur tuvo una esclava personal egipcia y a la vez ignorar que estaba casado y con cinco hijos — un hecho publicado en todos los relatos históricos sobre la vida de Coeur? Si la explicación de todo lo que ocurrió en la regre-

> sión es que esta mujer había leído muchos libros de historia en el siglo XX, entonces no puedo explicar cómo es que no sabía nada acerca del matrimonio de Coeur.

Melvin Harris apareció con la respuesta —la novela *The Moneyman* de C.B. Costain, publicada en 1948—, la cual, según dice, "se basa en la vida de Coeur y contiene casi todos los rasgos y toques de aparente autenticidad" presentes en los supuestos recuerdos de Jane Evans. Resulta muy significativo que la novela no mencione a esposa ni hijos, y Costain explica por qué en una breve introducción:

> No hice mención alguna de la familia de Jacques Coeur porque no desempeñó ningún papel importante en los sucesos que lo llevaron al clímax de su carrera... Cuando intenté introducirlos en la historia, estorbaban tanto que al final decidí que sería mejor omitirlos por completo.

Así, sin darse cuenta de que lo hacía y, aparentemente, sin recordar que había leído el libro de Costain, la mente inconsciente de Jane Evans disfrazó los detalles que alguna vez absorbió de una novela histórica para convertirse en uno de sus personajes.

Una novela que explica la vida de Livonia

Otro escritor bastante escéptico hacia la reencarnación es Ian Wilson, cuyo libro sobre el tema, *Mind Out Of Time*, se publicó en 1981. Aunque creía que las regresiones a vidas anteriores podían explicarse en gran medida como criptomnesia basada en novelas históricas, consideraba la labor de rastrear fuentes auténticas, literarias y de otros tipos, de sujetos que decían recordar encarnaciones previas, era en extremo difícil, aunque también decía:

> Carecí de la asiduidad del escritor y presentador de la BBC Melvin Harris... explorador entusiasta de librerías de viejo [quien], durante el año pasado, rastreó novelas históricas que influyeron o inspiraron lo que hasta ahora los reencarnacionistas habían considerado casos particularmente convincentes de recuerdos de vidas anteriores.

Entre esos descubrimientos se encontraba una novela que daba claras muestras de haber inspirado otra vida pasada de Jane Evans: la de una mujer llamada Livonia que vivió en la Bretaña Romana a finales del siglo IV D.C. Ian Wilson la dio a conocer a sus lectores en una edición posterior de su libro, en la cual publicó un capítulo adicional llamado "Cryptomnesia - a Special Postscript", que compara las descripciones que aparecen en el libro de Iverson —incluidos los nombres de personas y lugares— con las que aparecen en la novela del alemán Louis de Wohl, *The Living Wood* (publicado con pasta dura en 1947 y en rústica bajo el título *The Empress Helena*, en 1960). Wilson añade:

> Es importante notar que aunque Constantino, Helena, Constancio, Alecto, Carausio y Osio son personajes conocidos de la historia —no necesariamente en las situaciones que se describen— Hilaria, Valerio y Curio, quienes también aparecen en la regresión de Jane Evans, son enteramente ficticios, creados por De Wohl.

La propia Livonia —aparente encarnación pasada de Jane Evans— tiene una brevísima aparición en la novela como camarera Real: "encantadora criatura con labios y ojos iracundos".

Fuentes reveladas por sujetos

Más fácil que explorar librerías de viejo para descubrir si un recuerdo de vida anterior bajo hipnosis es resultado de criptomnesia, es preguntar al sujeto mientras está hipnotizado. El doctor Edwin Zolik, cuyo interés en el tema fue inspirado por la historia de Bridey Murphy, realizó sus propias investigaciones en la Universidad de Marquette durante los cincuenta. Uno de sus alumnos, de 32 años, casado y de ascendencia irlandesa, aceptó que lo hipnotizaran y reveló una vida en la que fue soldado británico, Brian O'Malley, quien servía en la guardia irlandesa en County Cork. Derribado por un caballo, murió en el año 1892. Cuatro días después, el doctor Zolik volvió a hipnotizarlo y le pidió rastrear la fuente de su anterior identidad. Tras cierto titubeo, explicó que su abuelo le había contado acerca de O'Malley: ambos sirvieron juntos en el ejército.

Diez años después, para dar otro paso en la investigación, Reima Kampman, psiquiatra de la Universidad de Oulo en Finlandia, inició un estudio intensivo para sugerir que recuerdos de vidas anteriores mezclaban criptomnesia y fantasía. Descubrió que esas memorias eran un fenómeno hipnótico común, y los individuos que las crean gozan de mejor salud mental que no pueden. Uno de los sujetos del doctor Kampman era una joven de quince años a quien hipnotizó por primera vez en 1968 y recordó cinco vidas. En una de ellas, fue una niña de siete años cuyo padre, Aitmatov, era capitán de un pequeño barco. Pudo decir el nombre del lago en que trabajaba su padre y también que ella murió al caer imitando a los peces que había visto en las orillas. Después, se le dijo que no recordaría lo que había dicho acerca de esa vida cuando saliera de la hipnosis. Entonces, el doctor Kampman volvió a hipnotizarla y le pidió retroceder en su vida actual hasta el momento en que obtuvo la información utilizada para crear ese recuerdo de otra vida. Entonces reveló que su relato se basaba en una novela leída hacía muchos años.

El doctor Kampman revisó esos detalles y descubrió que no sólo la historia y el nombre del lago eran los mismos, sino el del autor, Aitmatov, que ella usó como el de su padre anterior. Un relato más detallado de esta investigación se encuentra en el excelente libro *The Search for Yesterday*, de D. Scott Rogo, en el cual nos dice:

A la luz de este y otros casos similares, el doctor Kampman se muestra escéptico hacia todos los testimonios de reencarnación. Su conclusión es que cualquier recuerdo de vidas pasadas se basa en información oculta almacenada en el cerebro o en referencias simbolizadas de sucesos traumáticos experimentados en la vida actual de la persona.

Personalidad múltiple

Como veremos en posteriores capítulos, aunque algunos de los casos más citados de regresión hipnótica muestran de manera concluyente ser resultado de criptomnesia, sería prematuro descartarlos todos. Sin embargo, al examinar tales evidencias, nos enfrentamos a la mente humana y sus extraordinarios poderes, lo cual debemos tener en cuenta. Por ejemplo, pensemos en la notable capacidad de la mente de convertirse en otra persona, como en casos de personalidad múltiple. En ellos, el individuo parece hablar, comportarse y pensar como otra persona e incluso tener un nombre para esa personalidad que puede manifestarse de repente, permanecer en posesión del cuerpo del sujeto por cierto tiempo, y luego ser remplazado por el yo normal del sujeto u otra personalidad. Se dice que sólo en Estados Unidos 300 000 personas padecen esta enfermedad, y uno de los casos más extremos es el de Donna Smith, a quien se le diagnosticó desorden de personalidad múltiple a los diecinueve años. ¡Tenía 65 personalidades!

Hay muchos casos asombrosos de personalidad múltiple, incluido uno en el que una de las personalidades era alérgica a los gatos y manifestaba una reacción muy fuerte ante ellos. Los síntomas desaparecían en cuanto otra personalidad se apoderaba del sujeto.

Por sorprendente que parezca, en un caso reciente se permitió jurar y testificar a varias personalidades múltiples durante un juicio. Al empleado de un supermercado de Oshkosh, Wisconsin, Estados Unidos, se le acusó de ataque sexual a una mujer de 27 años conocida tan sólo como Sarah, quien tenía 46 personalidades. El acusado sostuvo que todo ocurrió con el consentimiento de ella. Durante su aparición en la corte, Sarah cerraba los ojos y hacía pausas mientras iba de una personalidad a otra a petición del fiscal de distrito Joseph Paulus. El juez Robert Hawley necesitó que la mujer prestara juramento a cada cambio de personalidad, y los abogados se presentaron formalmente con las diferentes identidades. Entre las seis personalidades que testificaron por medio de Sarah durante el juicio, había una niña de seis años llamada Emily —quien dijo que también había sufrido ataque sexual— y un hombre llamado Sam. A Mark Peterson, el acusado, se le encontró culpable de ataque sexual en segundo grado por violar una de las personalidades, Jennifer, promiscua aficionada al rock a quien le gustaba bailar. Pero el veredicto fue anulado bajo el argumento de que él no había recibido un juicio justo, pues a su psiquiatra no se le permitió examinar a la mujer. Entonces se ordenó un nuevo juicio, pero Peterson fue liberado por el juez, pues el fiscal dijo que un nuevo juicio agravaría el desorden mental de la mujer.

En otro célebre caso, el de Sybil Dorsett, surgieron dieciséis impresionantes personalidades, entre ellas maestro de obras, carpintero, escritor y músico. Por increíble que parezca, escritor y músico se hicieron amigos en el cuerpo de Sybil para sostener largas conversaciones o incluso asistir a obras de teatro y conciertos, durante los que discutían procedimientos, al grado de molestar a personas del público. Tanto el libro llamado *Sybil* como la película basada en él tratan sobre este caso.

Si bien son casos fascinantes y clara muestra del poder del cerebro, no hay indicios de que personalidades múltiples constituyan recuerdos de vidas anteriores. No poseen identidades o historias separadas que puedan corroborarse; son sólo fragmentos de la personalidad del enfermo y, se cree, una manera en que la mente enfrenta el abuso u otros traumas.

Poseída por un ángel

Las etapas tempranas de la enfermedad de Mary Lurancy Vennum parecían ser un caso típico de personalidad múltiple, aunque no se conocía este síndrome en 1877, cuando ocurrieron los hechos. A los trece años Mary Lurancy Vennum, de Watseka, Illinois, Estados Unidos, fue poseída por una vieja fea y amargada y luego por un joven que había huido de su casa. Al escuchar sobre este caso, un tal señor Roff remitió a la familia de la chica con el doctor E. Winchester Stevens, hipnotizador capaz de llegar hasta la mente cuerda y feliz de la muchacha. Le dijo que un ángel llamado Mary Roff quería tomar el lugar de las otras dos personalidades, y fue lo que pasó, aunque reemplazó por completo a Mary Lurancy Vennum. Es más, Mary Roff en verdad existió —era hija del hombre que remitió a su familia con el hipnotizador—, y murió cuando Mary Lurancy Vennum tenía un año. El señor y la señora Roff convencieron a los padres de la niña que le permitieran vivir con ellos (lo cual no sorprende, pues ella no los reconocía). Para todo mundo, ella era Mary Roff, y se mantuvo con esa personalidad durante tres meses y diez días más, hasta que Mary Lurancy Vennum volvió a su cuerpo y regresó con sus padres.

Al parecer, fue un caso de posesión espiritual breve (no desorden de personalidad múltiple) y proporcionó a los Roff el consuelo de saber que, de alguna manera, el espíritu de su difunta hija sobrevivía y pudo vivir de nuevo con ellos por un tiempo. Es una situación inusual, pero no única. Hay muchos casos paralelos modernos, incluso de posesión que parece permanente.

El extraño caso de Sumitra

Pensemos, por ejemplo, en Sumitra Singh, joven casada que vivía con sus suegros en la aldea de Sharifpura en el distrito de Farrukhabad, Uttar Pradesh, India. Desposó a Jagdish Sinhg en 1981 a los trece años y dio a luz un hijo en diciembre del año siguiente. Pero dos o tres meses después sufrió ataques en los que parecía entrar en un trance y hablaba como si fuese alguien más. Quienes parecían hablar a través de ella eran una diosa llamada Santoshi Ma; una mujer de la misma aldea llamada Munni Devi, ahogada, y un hombre de otro estado a quien no se pudo identificar. Luego, el 16 de julio de 1985, poseída por la diosa, Sumitra predijo que moriría a los tres días, y fue lo que ocurrió. El 19 de julio, su familia y vecinos de la aldea presenciaron su muerte, pero tras estar en apariencia sin vida ni pulso por 45 minutos, y justo cuando sus afligidos familiares preparaban su funeral, revivió.

Sumitra miró a su alrededor, parecía confundida y no reconoció a nadie. Al día siguiente explicó por qué. Ya no era Sumitra, su nombre era Shiva, madre de dos hijos, quien vivió en Dibiyapur antes de ser asesinada por su familia política. Relató que, durante una pelea, su cuñada la golpeó con un ladrillo, y luego la familia de su esposo llevó su cuerpo hasta las vías del ferrocarril para simular que fue arrollada por el tren. Poco a poco surgieron más detalles de la vida de Shiva, incluidos el nombre de su padre y que era maestro que vivía en Etawah.

Lo más inquietante para sus allegados era que se rehusaba a reconocer a su esposo y a su hijo, e insistía en regresar con sus dos hijos verdaderos. Al principio, su familia pensó que se había vuelto loca, pero concluyeron que estaba poseída por un espíritu. No hicieron ningún intento por corroborar sus afirmaciones. Al final, aunque Sumitra accedió a restablecer relaciones con su esposo y a cuidar a su hijo, insistía en ser Shiva.

La doctora Satwant Pasricha, la más famosa investigadora de India en cuestiones de reencarnación, escuchó sobre el caso en noviembre de 1985 y empezó a estudiarlo tres semanas después. Descubrió que, tras sufrir cambio de personalidad, Sumitra empezó a dirigirse a su familia de manera más respetuosa, se vestía diferente y también leía y escribía en hindi con más facilidad que antes. Tres meses antes de que la doctora Pasricha visitara la aldea de Sumitra, Ram Siya Tripathi, maestro de educación media de Etawah, cuya hija casada había muerto en Dibiyapur, escuchó el rumor de que su hija había renacido en Sharifpura y decidió averiguarlo. Él y Baleshwar Prasad, uno de los tíos maternos de Shiva, llegaron a Sharifpura en octubre de 1985 y se presentaron con la familia política de Sumitra. Se dice que, cuando los invitó a pasar, Sumitra reconoció a su padre de inmediato, lo llamo “Papá” como lo hacía Shiva, y lloró amargamente. También reconoció a Baleshwar Prasad e identificó catorce personas en las fotografías que llevaron. Esta visita convenció a Ram Siya Tripathi de que Sumitra tenía los recuerdos de su hija y pidió a su familia política y a su esposo que les permitieran visitarla en Etawah al día siguiente. Ahí, reconoció a otros miembros de la familia de Shiva que no aparecían en las fotografías —un total de 22— incluido un tío a quien nombró correctamente y acertó al decir que era de Kanpur: ahí radicaba y tenía su negocio cuando Shiva vivía, pero regresó a Etawah después.

Shiva recibió buena educación, con estudios universitarios, de modo que era posible que su educación superior y sus modales refinados le causaran fricciones con la familia de su esposo. Lo que está fuera de discusión es que tuvo una grave desavenencia con su familia política cuando le negaron el permiso de asistir a la boda de un familiar de su hermana. Al día siguiente, el 19 de mayo de 1985, a los 22 años, su cuerpo fue encontrado en las vías del ferrocarril y la familia de su esposo declaró que se arrojó al tren. A las 11 de la mañana la habían cremado. Aunque es posible que se suicidara, había fuertes sospechas de que la asesinaron, de modo que Ram Siya Tripathi solicitó una investigación judicial. Algunos escépticos dirán que Sumitra o su familia se enteraron de la violenta muerte de Shiva por los periódicos, pero eso no explica los dieciséis detalles confirmados acerca de Shiva y su familia no publicados en ningún relato.

Sólo el tiempo dirá si Shiva decidió establecerse de manera permanente en el cuerpo de Sumitra, y si el alma de ésta se fue a otra dimensión o renació. Pero, desde un punto de vista espiritual, no importa si es un caso de reencarnación o de posesión espiritual. Sea cual sea la interpretación, parece proporcionar evidencias notables de que poseemos un espíritu que sobrevive a la muerte física y permite llevar, de cuerpo en cuerpo, recuerdos y emociones de una vida anterior.

12
Enfermos por el pasado

La víctima de tortura

Durante trece años, Carol Lawson, exitosa mujer de negocios de Hampshire, Inglaterra, sufrió de una enfermedad deformante que desafiaba el tratamiento médico. Sus pulgares se inflamaban y le dolían, se le caían las uñas. Aunque poco a poco le crecían nuevas, el mismo problema reaparecía a intervalos de seis meses. Esto causaba a Carol dificultades, pues también trabajaba como modelo y aún colabora con una agencia. Aunque los médicos le dijeron que quizá sufría dermatitis, las cremas recetadas no mejoraron su padecimiento.

Después, a principios de 1994, se topó con una cura de manera accidental. Además de su interés por los negocios, Carol Lawson es clarividente cuyas predicciones han despertado interés en el sur de Inglaterra. Tenía la reputación de hablar de manera abierta sobre asuntos espirituales y psíquicos, así que, cuando Meridian Television buscó un voluntario para someterse a regresión hipnótica como parte de un programa conducido por la doctora Hilary Jones, la invitaron.

El hipnoterapeuta londinense Miles Austin dirigió la regresión en la que Carol contó un vívido y conmovedor relato de su vida y muerte en la Atlántida, legendaria isla que se dice que desapareció bajo las olas hace miles de años. Detrás de las cámaras, Carol encontró que ella y Miles tenían mucho en común, incluido el mismo día de cumpleaños, así que acordaron mantenerse en contacto. De hecho, él la telefoneó al día siguiente para asegurarse de que se encontrara bien después de la regresión, y ella le contó que le lloraba el ojo derecho. Las gotas que le había recetado el médico no aliviaban el problema; era como si aún derramara llanto por su vida en la Atlántida. Miles le indicó que hiciera ciertos ejercicios mentales para superar el problema y las lágrimas desaparecieron pronto. Pero como también le preocupaba su problema de uñas, le sugirió someterse a más regresiones hipnóticas para ver si eso daba pistas sobre el padecimiento.

"Aunque estaba involucrada en el trabajo espiritual, nunca pensé en la reencarnación hasta ese momento", me comentó cuando la entrevisté para mi revista. "No sé si creía o no. En verdad nunca se me ocurrió que mi problema de uñas pudiese tener su causa en una vida pasada."

Durante la regresión, recordó ser una londinense barriobajera llamada Mary, y un hombre indígena estadounidense con una hija llamada Estrella Blanca.

"Entonces volvimos con Melissa. Ella vivió hace más de 380 años y trabajaba en los campos, pero sólo cuando brillaba el sol." Carol Lawson habló con acento del oeste de Inglaterra y describió cosas que le habían ocurrido en esa vida así como la aparición regular de un carruaje en el que viajaba un gran personaje, quizá de la realeza, que atravesaba la aldea. Sin embargo, un día vio que todos los hombres subían a sus caballos y se iban. Impulsada por su curiosidad, tomó una pequeña bolsa de comida y, siguiendo la misma dirección de los hombres de la aldea, caminó al pueblo aledaño. Ahí vio los caballos, atados afuera de un edificio de donde salían horribles gritos. Aprovechando que el guardia del edificio estaba de espaldas, logró colarse y vio a un hombre con una túnica roja y dorada a quien torturaban. Supo que se trataba de la persona que iba en el carruaje. En ese momento la atraparon los soldados, quienes la tomaron de sus largos cabellos. "Es curioso", observa ella, "pero en esta vida nunca he llevado el pelo largo".

La llevaron dentro del edificio, donde había cuerpos por todos lados y le colocaron un "aplastapulgares" en cada mano. "Era de hierro, sucio y horrendo. Mientras recordaba la tortura, sentía que las manos me cosquilleaban y los brazos se me dormían. Fue horrible. Luego los soldados se llevaron a Melissa y la ahorcaron."

Es notable que recordar esos hechos tan crueles, ocurridos en 1613, parezca tener un efecto terapéutico. Una explicación es que el sufrimiento que se le infligió a su yo del pasado dejó tal impresión en su psique que el daño volvió a manifestarse en un cuerpo diferente. Y así, desde la regresión, la enfermedad ha mejorado dramáticamente. En dos años y medio, sólo perdió sus uñas una vez. Sin embargo, está complacida, pues las ha preservado como prueba de su historia.

A mediados de 1996, Carol Lawson accedió a una nueva regresión con Miles Austin, de manera que *Reader's Digest* pudiese filmar los recuerdos de Melissa para un video acerca de lo paranormal. Durante la sesión, aprendieron un poco más acerca de la vida y violenta muerte de la inglesa, pero el regreso pareció interferir con el proceso de curación. Poco después, las uñas se le inflamaron y deterioraron un poco. No se le han caído, y Carol espera que pronto vuelvan a la normalidad. "Pero he decidido que nunca más volveré a ser Melissa."

Podría citar cientos de casos en los que la terapia de regresión ha resultado benéfica y a menudo brinda curaciones completas, incluso cuando la enfermedad no respondió a años de tratamientos convencionales. Por tales casos, podría parecer que nosotros traemos a esta vida miedos, culpa o incluso discapacidades padecidas en vidas anteriores, y que sólo al entender esto podremos conocer y superar el problema. Pero a diferencia del caso de Carol Lawson, la mayoría de los relatos publicados son anónimos y provienen de los cuadernos de terapeutas profesionales cuyo código ético les prohíbe revelar el nombre de sus pacientes.

Lo que está fuera de discusión es que, sobre todo en Occidente, existen miles de personas que se benefician de consultar a terapeutas de vidas pasadas y *eliminar* barreras en su vida presente al recordar lo que parecen ser encarnaciones anteriores. Esta afirmación no se basa sólo en testimonios de terapeutas de vidas pasadas; hay otras personas que, aunque no creen en la reencarnación, están preparadas para testificar.

Casi cualquier persona que trabaje con hipnosis terapéutica puede toparse en algún momento con recuerdos de vidas anteriores, le guste o no, y sin importar que crea o sea escéptica respecto a la reencarnación. Algunos individuos, sin que se les pida retroceder en el tiempo a una existencia previa, lo harán por sí solos en respuesta a una sugerencia abierta del hipnotizador. Muchos terapeutas de vidas pasadas más efectivos en la actualidad, conocieron el tema mediante algún paciente que hizo eso. En un principio, tienden a recibir este fenómeno con escepticismo, pero esa reacción pronto se ve sustituida por entusiasmo cuando ven que su paciente mejora en forma considerable como resultado de sus recuerdos.

Hipnoterapia para problemas sexuales

El doctor M. Gerald Edelstein, psiquiatra del Herrick Memorial Hospital en Berkeley, California, en la época en que escribió su libro *Trauma, Trance and Transformation* en 1981, no cree en la reencarnación, pero ha presenciado el surgimiento espontáneo de recuerdos de vidas anteriores durante hipnoterapias convencionales. En su libro, revela que tras usar el *puente del afecto* (técnica particularmente efectiva para problemas de conducta) y mientras están bajo hipnosis, algunos pacientes parecen retroceder a otra vida. Entonces, el terapeuta que presencia este fenómeno ayuda al paciente a enfrentar el recuerdo y resolverlo, a lo cual suele seguir un mejoramiento de su problema. "Por razones que no puedo explicar, estas experiencias casi siempre conducen a un rápido mejoramiento en la vida de los pacientes", escribe el doctor.

Cita el caso de Shirley, secretaria con poco menos de 40 años que tenía dificultades sexuales con su esposo. No lo disfrutaba a menos que tuviera fantasías de violación sangrienta. Por medio de técnicas de hipnoterapia normales, el doctor Edelstein le pidió retroceder hasta el primer momento en que asoció sexo con violencia. Entonces, Shirley describió la escena donde ella era una bebé que veía a su madre desangrarse hasta morir como resultado de su nacimiento. Esto confundió al doctor, pues en conversaciones anteriores con Shirley, ella había dicho que su madre había ingresado en una clínica de tuberculosis dos años después de su nacimiento. Cuando él le preguntó en qué año estaban, ella respondió: "en 1793". Luego, ella mencionó que su padre era cazador, que su familia vivía en una cabaña y que una vecina había servido como partera durante su nacimiento.

Sobra decir que esta revelación sorprendió a la paciente y al médico. Además, que la relación con su esposo mejorara era algo aún más desconcertante, pues no había respondido a ninguna otra forma de terapia. Sin embargo, Shirley volvió a presentarse con el doctor Edelstein por un nuevo problema. Ahora temía que su mejoría lastimara a alguien más, incluso a ella misma.

Durante otra sesión de hipnosis, Shirley retrocedió a otra vida anterior, en la Francia decimonónica, en la que asistía a un baile mientras su esposo, enfermo, permanecía en casa. Ahí, conoció un hombre con quien tuvo un romance fugaz. Su esposo murió al enterarse del desliz y ella se culpó de su muerte. Este aparente recuerdo de una vida anterior tuvo más significación para la paciente que para el médico pues, en su siguiente sesión, informó que su miedo de herir a alguien al hacer el amor había desaparecido.

La siguiente sesión produjo el recuerdo de una vida en la España del siglo XV, donde sufrió una violación por parte de su padre. Ese recuerdo logró eliminar el temor que aún le quedaba, miedo a que la lastimaran, y el doctor Edelstein al fin pudo darla de alta. Pero, ¿cómo se logró este resultado?

El doctor Edelstein sugirió posibilidades derivadas de la teoría de que los recuerdos de vidas pasadas se basan en sueños traumáticos de la infancia. Y, aunque dijo: "Yo no acepto la reencarnación en este caso", admitió que la teoría psicológica convencional tampoco podía explicarlo. "Pienso que es muy probable que... haya alguna teoría, aún no anunciada, que pueda conducir a una mejor comprensión de esto."

El extraordinario poder de la terapia de vidas pasadas

Quienes trabajan a diario con esta técnica confirman su eficacia para tratar enfermedades resistentes a tratamientos convencionales. Roger Woolger, médico inglés radicado en Estados Unidos y autor del libro *Other Lives, Other Selves*, dice que la regresión a vidas pasadas: "Es una de las herramientas más concentradas y poderosas de que dispone la psicoterapia, aparte de drogas psicodélicas".

La doctora Edith Fiore, terapeuta de la vida pasada, comenta: "Otras terapias atienden los síntomas y se olvidan por completo de la causa. La terapia de vidas pasadas ataca la raíz del problema. No hay un sólo problema físico que no pueda resolverse con un buen tratamiento de vidas pasadas".

La doctora Hazel Denning, pionera en el uso de la terapia de vidas pasadas, la cual ha practicado por más de 40 años, comparte el mismo sentir:

> Creo que la terapia de regresión a vidas pasadas... llega a más personas y resuelve problemas más rápido que cualquier otra, pues se remonta hasta la causa fundamental y explica los porqués. No tengo un sólo cliente a quien no pregunte: ¿Qué lección espiritual aprendiste en esta experiencia? ¿Cuál es el propósito de esto? Y ellos siempre lo saben.

La doctora Denning también ha hecho estas observaciones acerca de la terapia de vidas pasadas:

> Creo que fui de las primeras personas en percatarme de que el último pensamiento emocional de la gente al morir es el pensamiento o emoción que lleva consigo a la siguiente encarnación. Enojo, resentimiento, miedo, culpa y todos los demás sentimientos parecen transmitirse de una vida a otra y manifestarse incluso en niños muy pequeños. "No

soy de fiar", "Me las va a pagar ese ...", "La vida no es justa", "Soy una mala persona y necesito castigo", son ejemplos de las energías tan poderosas que traemos a cuestas y debemos enfrentar en la encarnación presente.

El doctor Morris Netherton, otro pionero, también cree que nuestras muertes en vidas anteriores nos causan más problemas en ésta: "Si no se resuelve, el trauma de la muerte se convierte en una de las causas principales de los desórdenes de conducta. La mayoría de los problemas que encuentro tienen su origen en la manera de morir en vidas pasadas. Cuando se borra la impresión de esas muertes, muchos desórdenes simplemente se evaporan".

Una de las terapeutas más respetadas en este campo es la doctora Winafred Blake Lucas, egresada del American Board of Professional Psychology, quien inició su preparación académica en la Universidad de Washington a principios de los años treinta con especialidades en griego, filosofía y escritura. Además de su trabajo como terapeuta de la vida pasada, dedica mucho de su tiempo a la enseñanza y también tiene una empresa editorial especializada en libros sobre el tema. Es editora de la impresionante *Regression Therapy, A Handbook for Professionals*, obra en dos volúmenes y lectura esencial para cualquier persona que trabaje en este campo, pues muestra una gran variedad de técnicas que pueden aplicarse. El siguiente extracto de su propia contribución al libro proporciona una comprensión muy valiosa de la manera en que algunos individuos entienden las experiencias de su vida actual a partir de la reencarnación:

> Desde niña tuve a mi alrededor indicios de vidas pasadas, pero mi condicionamiento cultural me volvió ciega y sorda a ellos. Algunas veces me preguntaba el porqué de mis aptitudes, aficiones, intereses profundos y pensamientos antiguos; pero como fui leal al pensamiento de mi época, negué que tuviesen raíces desconocidas. Aun así, hubo varias cosas que me desconcertaban ¿Por qué el contacto con cualquier animal, salvaje o doméstico, me conmovía siempre de manera tan profunda que acababa empapada en lágrimas? O, ¿cómo es que a los ocho años pude montar un caballo sumamente bronco y, sin experiencia, conducirlo de

manera competente? Otra cosa inexplicable que me ocurrió a los quince años de edad, fue que comenzó a invadirme un sentimiento muy intenso de haber cometido un crimen terrible, me iban a hallar y ejecutar, un miedo que no pude superar hasta cumplir los dieciséis.

Al considerar una etapa posterior de mi vida, me preguntaba por qué si mi familia, aunque educada, no tenía nada que ver con la cultura clásica, comencé a estudiar griego a los catorce años y me descubrí capaz de leer a Platón a los diecisiete años, en una época en la que el griego casi había desaparecido de las universidades. Y cuando comencé a escribir una biografía de Sócrates, me pregunté, incómoda, de dónde había salido todo mi conocimiento, del cual me sentía segura, si no había leído ningún libro. Algunos años después, aprendí sánscrito yo sola y descubrí que también era mi lengua, de manera que viajé a Europa a principios de los años treinta para estudiar un doctorado en dicho idioma y leer los *Vedas*, ocupación no muy práctica en los años de la Gran Depresión. Los indicios de vidas anteriores fueron una constante en mi vida, pero por temor a desafiar las ideas de mi época, miré cautelosamente hacia otro lado.

Pero, por supuesto, llegó el momento en que Winafred Blake Lucas ya no pudo seguir haciéndose de la vista gorda. Sus primeras experiencias con vidas anteriores ocurrieron cuando participó como sujeto en un experimento con dosis controladas de LSD en la Escuela de Medicina de la Universidad de California en Los Ángeles. Según dice: "Sin ningún aviso, me sumergí en las percepciones más profundas de mi vida". Incluían visiones de vidas como niña en India, esposa de un gobernante en un pequeño principado cerca de Pakistán en el siglo IX, y la muerte en una catedral inglesa del siglo XV. Tiempo después, durante un taller sobre auras, el cual pareció alterar su mente, "me encontré de regreso en París durante la Revolución Francesa, con el cuello en la guillotina, a punto de ser decapitada". Intentó gritar, pero no logró emitir ningún sonido y continuó con el taller. Luego se vio de pie en la esquina de un feo salón de clases. "Supe, de un manera que es difícil de entender o explicar, que en aquella vida había sido una joven de 29 años, y la hija de mi vida actual, mi esposo en aquélla. Él me había abandonado, los soldados me habían atrapado y me iban a fusilar."

Esas percepciones permitieron a Winafred desarrollar técnicas que utiliza para ayudar a individuos con dificultades cuya causa está en vidas anteriores. Pero, ¿acaso tales experiencias son tan reales como parecen? Un problema para responder a esta pregunta es que la mayoría de los terapeutas de vidas pasadas no tienen el menor interés en verificar los recuerdos de sus pacientes. ¿Por qué habrían de tenerlo? A fin de cuentas, los consultan quienes desean mejorar algo en su vida y, si se utilizan técnicas que producen relatos de vidas anteriores, y esto mejora o cura, entonces cumplen con su objetivo. Cavar más profundo en esos recuerdos, y quizá descubrir que son fantasías y no hechos reales, podría arruinar la terapia.

¿Fantasías construidas sobre traumas?

La doctora Edith Fiore, quien dice estar convencida en 99 por ciento de que la reencarnación es un hecho, no ve razón para llevar a cabo tales investigaciones.

Aun cuando cada detalle que da un paciente bajo hipnosis demuestre ser una afirmación precisa sobre alguien que vivió en el pasado, eso no demuestra que en realidad haya vivido esa vida. Tan sólo que una persona vivió y murió. El paciente podría hacer contacto con las formas de pensamiento de alguien más.

El doctor Kampman, cuyas investigaciones se discutieron en el capítulo anterior, siente que los recuerdos de vidas pasadas producidos bajo hipnosis en sesiones de terapia, bien pueden ser fantasías construidas sobre traumas que el paciente sufrió en su vida actual y aún resultan amenazadores para confrontarlos de manera directa.

Otro experto médico que no cree en la reencarnación es el doctor Lewis Wolberg de Nueva York, autoridad en hipnosis e hipnoterapia, quien dice:

> He escuchado a muchos pacientes hacer dramáticas narraciones de vidas anteriores, y en cada caso he podido rastrear su origen en impresiones olvidadas de la infancia temprana, las cuales el sujeto experimentó directamente o alguien más le contó.

Él cree que tales casos son fantasías simbólicas construidas de la misma manera que los sueños.

El profesor Ian Stevenson comparte esta opinión, y dice que la hipnosis tiene mucho en común con los sueños y le sorprende que la gente que no da importancia a sus sueños tome por verdaderos sus recuerdos hipnóticos.

El poder curativo de la terapia de vidas pasadas

Desde niña, la modelo canadiense Bonnie Brown ha sufrido ataques de bronquitis cada invierno. Cuando tenía 29 años, la hipnoterapeuta Beverly Janus la hizo retroceder a seis vidas pasadas. En una de ellas, Bonnnie era una mujer del este de Europa que estaba con un grupo de mujeres a quienes unos soldados de la Segunda Guerra Mundial llevaban en un gélido tren sin comida ni agua. Bonnie tosió durante este recuerdo e incluso se le cubrió con cobijas por el intenso frío que sentía. Al final, el tren llegó a un campo rodeado por alambres de púas. Al describir esa horrible experiencia, dijo: "Yo tosía sangre. Recuerdo que pensé: 'Ya no quiero vivir'. A nadie parecía importarle. Yo tosí y tosí hasta el final".

¿Fue el recuerdo auténtico de una vida anterior? ¿O acaso la bella modelo recurría a películas o libros que conocía acerca de las atrocidades en los campos de concentración para *explicar* su constante mala salud? No podemos responder con certeza porque, al igual que la mayoría de los casos de terapia de vidas pasadas, éste no proporciona suficientes evidencias de reencarnación. Sin embargo, muestra por qué es tan popular la terapia de vidas pasadas. Al final de la sesión, Beverly Janus dijo a la modelo hipnotizada que sus malas experiencias del pasado no volverían a molestarla. Eso fue en 1972. Doce años después, cuando Joe Fisher escribió *The Case for Reincarnation*, informó que, desde entonces: "Bonnie no ha mostrado indicio alguno de problemas bronquiales".

En Toronto, la modelo declaró:

> Siento que la reencarnación es la mejor explicación de lo que ha ocurrido. Pero aunque sólo hubiese sido una exploración de mi psique para mostrar-

me que ya no tendría bronquitis, ¿qué importa? Lo más importante es que funciona.

13
Vida entre vidas

El cardenal español

La mujer que consultaba a la terapeuta californiana Hazel Denning estaba enojada y agitada. Golpeó los brazos de la silla y gritó:

> Ya no soporto más. No puedo seguir así. Dios no existe. Jesucristo es un fraude. He orado, he estudiado la Biblia, he ido a terapia individual, a terapia de grupo, he meditado y nada sirve para nada.

Casi el único tratamiento que la mujer no había probado era la terapia de vidas pasadas, y cuando acudió a Hazel Denning, eligió a una pionera en este campo. "Usted es mi última esperanza", remarcaba la educada mujer mientras se preparaban para que iniciara su primer viaje a una o más vidas que pudiesen proporcionar pistas sobre su atormentada vida presente.

Al principio, Hazel Denning se dedicó a conocerla mejor. Supo sobre su matrimonio de veinte años que deseó terminar y no lo había hecho por no admitir haber cometido un error. También se enteró de que emprendió negocios cuatro veces, pero en cada una fracasó y tuvo que volver a empezar de cero. Incluso sus tres hijos la habían hecho sufrir conforme crecían.

Para la cuarta sesión de hipnosis, Hazel Denning decidió que había llegado el momento de que su paciente enfrentara un sentimiento de culpa muy arraigado y hasta entonces no confrontado. Tras asegurarle que cualquiera que fuese su sentimiento podría manejarlo, la psicoterapeuta la hipnotizó y le pidió retroceder hasta la situación causante de esos sentimientos. Lo que sucedió a continuación se describe en el segundo volumen del libro *Regression Therapy* de Winafred Blake Lucas, manual pionero para quienes trabajan con vidas pasadas.

"Ella era un buen sujeto de trance y casi de inmediato describió a un hombre vestido con una prenda muy bonita y adornada y un gorro muy alto", escribe Hazel Denning:

> Dijo que era cardenal de la Iglesia católica y entonces comenzó a hablar en primera persona. "Yo soy esa persona." De manera muy detallada, describió cómo escuchaba quejas y acusaciones que le llevaban y, con voz sobresaltada, dijo que enviaba mucha gente a que la torturasen en el potro. Afirmó encontrarse en la época de la Inquisición española.

Después habló de acontecimientos que la involucraron, de los sentimientos resultantes, y añadió: "Ahora entiendo por qué aún me siento culpable de algo. Fui la responsable de matar a todas esas personas. Ahora conozco el origen mi culpa. Yo debería sufrir por eso".

Esta afirmación presenta una buena oportunidad para una observación sobre algo que siento con intensidad. La regresión a vidas pasadas no es un juego. Deben dirigirla terapeutas calificados que puedan manejar situaciones difíciles y emociones fuertes. Y sólo deben intentarla quienes tengan necesidad de resolver problemas interiores o cuya curiosidad esté controlada por un juicio equilibrado. La pregunta que cualquier persona debe hacerse antes de consultar a un terapeuta es: "¿Puedo tolerar haber sido alguien realmente infame?"

En este caso particular existía el riesgo de que la mujer acabara con una sensación de culpa mayor que la inicial. Pero, una hábil terapeuta como Hazel Denning controló la situación. Hay muchas técnicas terapéuticas para lidiar con recuerdos traumáticos de vidas pasadas, y una es preguntar al sujeto qué lecciones aprendió al revivir esa existencia. Hazel Denning explica que sintió la necesidad de probar algo nuevo:

> Cuando los clientes han ocasionado gran dolor a otras personas en el pasado, no siempre es fácil ayudarlos a perdonarse. En el caso de esta mujer, como sus acciones del pasado fueron tan horrendas, debía utilizar un enfoque distinto, así que le expliqué que ningún ser humano tiene tanto poder sobre los demás, a menos de haber un motivo superior en desarrollo. Le pedí a su mente decir el propósito de la Inquisición.

Entonces, la mujer dijo verse a sí misma en la vida intermedia, dimensión en la cual reside nuestra alma entre cada encarnación. Ahí, conversaba con espíritus sobre la situación de la Iglesia católica. Supo entonces que era tan corrupta en esa época que alguien con una comprensión espiritual altamente desarrollada debía regresar a la vida terrenal para hacerla cambiar mediante la Inquisición. Fue la elegida para esa misión. Sin embargo, perdió conciencia de su propósito espiritual y eso la dejó con un intenso sentimiento de culpa.

En apariencia, esta nueva percepción de sus vidas pasada y presente hizo que al fin se sintiera una mujer feliz y triunfadora.

Un país ignoto

Este relato abre un área de exploración (un país ignoto) que a menudo pasan por alto quienes escriben o estudian sobre reencarnación. Aunque en la mayoría de los casos es posible determinar fechas de nacimiento y fallecimiento en vidas anteriores, hay gran disparidad en el llamado periodo intermedio. A veces ese tiempo es de nueve meses, lo cual podría hacernos pensar que el alma de un individuo entró en el embrión desde la concepción. Hay casos en que una personalidad parece dejar un cuerpo y renacer en cuestión de horas. No obstante, el periodo transcurrido entre muerte y renacimiento no suele corresponder con ningún patrón biológico, y puede ser de varios años.

Con base en esto, deducimos que el alma es capaz de vivir independiente del cuerpo, en alguna dimensión espiritual, hasta que llega el momento de volver a introducirse en la materia física y experimentar una vida nueva. Si es así, quizá la mayoría de las investigaciones sobre vidas pasadas realizadas hasta ahora no se enfocaron en lo más importante. Si acaso existe una dimensión a la que todos regresamos una y otra vez, podríamos aprender mucho más al examinar lo que ocurre ahí que de las tribulaciones de nuestras vidas terrenales.

En sus extensos estudios sobre niños que recuerdan otras vidas, el profesor Ian Stevenson ha encontrado que en 32 casos de Tailandia en que las fechas de muerte y renacimiento eran confiables para hacer un cálculo, el periodo intermedio era de dieciséis meses. En los de Sri Lanka ese periodo fue de dieciocho meses y en Myanmar de veintiuno. Curiosamente, en 23 por ciento de los casos de Myanmar, los niños no sólo recordaban su vida anterior, sino que describían lo experimentado durante la vida intermedia. "Nuestra ignorancia debería refrenarnos al hacer conjeturas sobre por qué en Tailandia y Myanmar los sujetos tienen en promedio mucho más que decir acerca de sus experiencias intermedias que los de otras culturas", comenta el doctor. También señala que:

> Los sujetos de Myanmar a veces dicen recordar que fueron guiados al hogar de su siguiente renacimiento por un sabio anciano vestido de blanco, similar a los hombres de blanco descritos por varios sujetos en Tailandia. Y, asimismo, los hombres de blanco de Myanmar suelen fungir como guías que únicamente indican el lugar de renacimiento, preseleccionado en otro proceso en el cual no influyen. En ocasiones, estos hombres de blanco parecen mantenerse en contacto con las personas cuyo renacimiento han guiado, después de renacer e in-

cluso el resto de su vida. Los hombres de blanco pueden aparecer ante el sujeto en sueños o apariciones, sobre todo en periodos de crisis o peligro.

Guías espirituales y ángeles de la guarda

Estas descripciones recuerdan a los guías espirituales o ángeles de la guarda que muchos occidentales creen que los acompañan en la vida y les brindan apoyo espiritual y ayuda invisible cuando la necesitan. También guardan semejanza con algunas descripciones de individuos que han tenido experiencias cercanas a la muerte. Estas personas, además de ver seres queridos muertos que los esperan en el otro mundo, suelen observar figuras luminosas, por lo regular vestidas con túnicas blancas, a quienes identifican como un personaje religioso, o de alguna otra manera que defina su sabiduría o compasión. Estos relatos provienen de personas que han tenido la visión más pura de ese otro mundo antes de cerrarse la puerta, haciéndoles saber que su hora aún no llegaba. Pero, al parecer, la regresión hipnótica permite a individuos recordar con detalle cómo era vivir en ese mundo en algún punto del pasado.

El doctor Joel Whitton, psiquiatra radicado en Toronto, tenía 28 años y estudiaba de manera activa recuerdos de vidas pasadas inducidos mediante hipnosis cuando, por accidente, se topó con la vida intermedia, lo que los budistas tibetanos llaman el estado bardo. Uno de sus sujetos, Paula Considine, podía recordar varias vidas. En abril de 1974, mientras la llevaba de una vida a otra, le dio una indicación imprecisa. Por lo regular, él decía a su paciente que retrocediera o avanzara hacia una encarnación, pero en esa ocasión le dijo: "Ve a tu vida antes de ser Martha". Bajo hipnosis, la mente entiende instrucciones de manera literal y la mente de Paula retrocedió a una vida descarnada entre encarnaciones. Dijo que estaba en el cielo sobre la zona rural de Maryland y veía a su futura madre, quien ya estaba embarazada con el cuerpecillo de Paula, esforzándose por llenar de agua una cubeta.

Esta revelación inspiró al doctor Whitton a explorar el estado intermedio (al cual llama metaconciencia) en 30 individuos, sujetos de trance particularmente buenos. En su libro *Life Between Life*, escrito en coautoría con Joe Fisher, el doctor revela resultados de exploraciones experimentales en el estado bardo, y dice que:

> A través de la metaconciencia, aprendieron por qué se involucraron en circunstancias de su encarnación presente. Además, descubrieron que, mientras estaban descarnados, habían elegido de manera activa lugar e implicaciones de su existencia terrenal. Para su elección debieron conocer por adelantado padres, carrera, relaciones y sucesos importantes que contribuirían a sus alegrías y tristezas.

Es más, quienes recordaron el tiempo intermedio confirmaron que a todos se nos juzga por acciones en nuestra encarnación anterior. Según afirma en el libro, su testimonio

> indica con claridad la existencia de jueces y amplía de manera considerable las escuetas descripciones transmitidas desde el viejo mundo. Casi todos los que se aventuraron en la metaconciencia se han visto ante un grupo de ancianos (por lo regular tres,

a veces cuatro y en raras ocasiones hasta siete) a los cuales han percibido con diversos atuendos. En ocasiones conservan una identidad indeterminada, pero otras adoptan la apariencia de dioses mitológicos o maestros religiosos.

Un paciente del doctor Whitton ofreció esta descripción:

> Mi guía me tomó del brazo y me llevó a una habitación donde estaban los jueces, sentados en una mesa rectangular. Todos vestidos con túnicas blancas holgadas. Percibí su edad y sabiduría. Su presencia me hizo sentir muy infantil.

Los espíritus maestros

Es probable que el doctor Brian Weiss, egresado de la Universidad de Columbia y la Escuela de Medicina de Yale, presidente del Mount Sinai Medical Center en Miami, no parezca un creyente de la regresión a vidas pasadas. Sin embargo, no sólo se convirtió en defensor de la reencarnación y en uno de los principales terapeutas de vidas pasadas, también afirma que un suceso particular cambió su vida. Ocurrió cuando un sujeto entró en el estado intermedio.

Su paciente Catherine trabajaba como técnica de laboratorio en el hospital donde él era jefe de psiquiatría, y lo había consultado para resolver varios miedos y fobias. El doctor Weiss había empleado la hipnosis varias veces y la encontró efectiva en Catherine, por lo cual la convenció de probarla al ver que no respondía a otros tratamientos. Lo que ocurrió a continuación le proporcionaría una nueva y poderosa herramienta terapéutica que, al igual que el doctor Whitton, descubrió por accidente cuando dio a su paciente una indicación imprecisa. Había llevado a Catherine hasta su segundo año de vida (entonces no le interesaban las vidas pasadas ni creía en ellas) intentando descubrir la causa de sus problemas. Le indicó: "Regresa a la época en que surgieron tus síntomas". Para su asombro, describió una vida en el año 1863 A.C. A pesar de su escepticismo, revivir esos recuerdos después de casi 4000 años produjo en Catherine una cura total. En sesiones hipnóticas posteriores, recordó haber sido una prostituta española del siglo XVIII y también una mujer griega.

Luego, según dice el doctor: "en la cuarta o quinta sesión ocurrió algo que cambió por completo el resto de mi vida". Bajo hipnosis, Catherine entró en vida intermedia, donde se comunicó con seres altamente evolucionados a quienes describió como espíritus maestros. En ese estado, similar a un trance, Catherine dijo de repente al doctor Weiss:

> Su padre está aquí, y también un niño que es su hijo. Dice que usted lo reconocerá porque su nombre es Avrom, y también que el nombre de su hija [del doctor] le fue dado en su honor. Además, murió por problemas del corazón. El de su hijo también era importante, pues lo tenía al revés, como el de un pollo. Hizo un gran sacrificio por usted por puro amor. Su alma es muy avanzada... su muerte pagó las deudas de sus padres. Quería mostrarle que la medicina sólo llega hasta cierto límite, pues su alcance es muy limitado.

El doctor Weiss quedó estupefacto al oír estas palabras. Aunque no había manera en que Catherine pudiese conocer detalles personales sobre su familia, todos eran correctos. Tal como Catherine lo había descrito, su hijo Adam murió por un problema cardíaco en 1971 con sólo 23 días de nacido, lo cual ocurre en uno de cada diez millones de nacimientos. Su padre había muerto en 1979 y el nombre de su hija le fue dado en su honor.

Catherine reveló que, además de darle esa información, los espíritus maestros también le habían dicho que, hasta ahora, ella había vivido 86 veces en el estado físico.

"No tengo una explicación científica de lo que pasó", escribe el doctor Weiss en su libro, *Many Lives, Many Masters*. "Hay demasiadas cosas en la mente humana más allá de nuestra comprensión."

El monje birmano que fue entregado a su nueva vida

Este relato me trae a la mente un fascinante recuerdo de vidas anteriores en que el individuo en cuestión también dijo haber visto a una persona vestida de blanco. Maung Htwe Nyein nació en noviembre de 1921 en Birmania (hoy Myanmar) y se convirtió en monje budista con el nombre de (venerable) Sayadaw U Sobhana. Desde temprana edad, podía recordar su vida anterior como un hombre llamado Maung Po Thit, quien tenía una esposa llamada Ma Shwe Thin y un hijo de tres años cuando él murió. Tras su renacimiento, visitó con frecuencia a su viuda y su hijo, quienes vivían cerca de su antiguo hogar en la aldea. También recordaba cómo lo habían guiado al lugar en que renacería como hijo del cacique de la aldea. Su muerte anterior ocurrió después de contraer una fiebre severa y fue llevado en carreta de bueyes al hospital, donde los médicos le dijeron que necesitaba una operación:

> Después de eso no recuerdo nada del tiempo que pasé en el hospital. Luego, me encontré solo en la selva. Me sentía triste, hambriento, sediento y muy afligido, pero no sabía que estaba muerto. Vestía mi ropa habitual... Parece que vagué sin rumbo durante dos o tres horas. Entonces encontré a un hombre muy anciano vestido de blanco y con bar-

ba y bigote blancos que llevaba un bastón. Vestía como *upasaka* [budista seglar] con un chal blanco sobre sus hombros.

Cuando vi al anciano, mi aflicción se desvaneció. Me llamó por mi nombre y dijo que debía seguirlo. Lo hice a pie alrededor de una hora. Llegamos a un lugar cerca de mi aldea que yo conocía. Entramos a la aldea y fuimos a mi casa. En la fachada había una cerca y un árbol. El anciano me dijo que esperara bajo el árbol mientras él entraba a la casa. Incluso ahora puedo recordar y ver esto con claridad en mi ojo mental. El recuerdo es muy vívido. El anciano entró en mi casa y salió a los cinco minutos. Dijo: "Debes seguirme a otra casa".

Fuimos hacia el oeste. Como a siete casas de la mía estaba la del cacique de la aldea. Frente a ella, el anciano me pidió que lo esperara. Entró y regresó a los cinco minutos. Me pidió entrar a la casa, y cuando lo hice me dijo: "Debes quedarte aquí. Yo debo irme". Y entonces desapareció. Vi otras personas, pero después de eso no recuerdo nada hasta que cobré conciencia de mi vida actual.

Él empezó a recordar su vida anterior a una edad temprana, y sus padres le dijeron que sabían sobre su muerte y renacimiento. El cuerpo de Maung Po Thit fue sacado del hospital y enterrado. Siete días después, varios monjes realizaron una ceremonia tradicional por el difunto. Ese mismo día, su esposa anterior tuvo un sueño en el que veía a un anciano vestido de blanco que decía: "Enviaré a tu esposo a la casa del cacique de la aldea". A la mañana siguiente, ella fue a casa del cacique de la aldea y contó a su esposa Daw Lay Khin lo soñado. Daw Lay Khin le reveló que también había soñado al mismo anciano de blanco, quien le dijo que pondría a Maung Po Thit bajo cuidado de su familia. Poco después, la esposa del cacique se descubrió embarazada y dio a luz a un hijo, el venerable Sayadaw U Sobhana.

Sai Baba y el hombre que regresó de la muerte

Un relato asombroso acerca de la vida intermedia lo debemos a Walter Cowan, estadounidense de edad avanzada y devoto de Sathya Sai Baba, gurú hindú a quien muchos consideran encarnación de Dios. Se debe al doctor John Hislop, profesor y ejecutivo corporativo que presenció el suceso, publicado en el libro *Sai Baba... The Holy Man and the Psychiatrist* del doctor Samuel Sandweiss. Walter Cowan murió en forma repentina en la navidad de 1971 por un infarto; una ambulancia llevó su cuerpo al hospital, donde certificaron su muerte.

Su esposa Elise había orado a Sai Baba y concluyó su oración así: "Que se haga la voluntad de Dios". Ese mismo día, cuando ella y una amiga, la señora Ratan Lal, fueron al hospital, se enteraron de que Sai Baba también visitó a Walter Cowan. Al entrar a su habitación, en vez de un cadáver, lo encontraron vivo. El doctor Hislop confirmó que el estadounidense había muerto al llegar al hospital, y el médico que lo examinó había tapado oídos y nariz con algodón, y cubierto su cuerpo con una sábana.

Mientras, Walter Cowan se encontraba:

> muy tranquilo, en un estado de felicidad maravillosa; y el Señor Sai Baba estaba a mi lado. Aun cuan-

> do mi cuerpo yacía muerto sobre la cama, mi mente siguió funcionando hasta que Baba me hizo volver. No había ansiedad ni miedo, sino una gran sensación de bienestar, pues había perdido todo temor a la muerte.
>
> Entonces, Baba me llevó a una sala muy grande donde había cientos de personas arremolinadas. Ahí se guardaban los registros de todas mis vidas anteriores. Baba y yo nos presentamos ante la Corte de Justicia. La persona encargada conocía muy bien a Baba, quien le preguntó por los registros de mis vidas. Fue muy amable, y sentí que su decisión sería lo mejor para mi alma.

Luego, Walter Cowan describe cómo les presentaron montones de pergaminos en varios idiomas, los cuales interpretaba Sai Baba. Algunos se referían a países que ya no existen desde hace miles de años:

> Cuando llegaron a la época del rey David, la lectura de mis vidas se hizo más emocionante. Apenas podía creer cuán grande fui en cada vida sucesiva. A medida que prosiguió la lectura, pareció que lo narrado en realidad eran mis motivos y carácter,

pues siempre defendí actividades espirituales y políticas pacíficas.

Tras unas dos horas, acabaron de leer los pergaminos, y el Señor, Sai Baba, dijo que no había concluido la labor para la cual nací y pidió al juez que se me enviara de regreso con él para terminar mi misión de difundir la verdad. Él solicitó que mi alma fuese devuelta a mi cuerpo bajo su gracia. Entonces, el juez dijo: "Que así sea".

El caso se cerró y yo salí con Baba para regresar a mi cuerpo. Titubeé en dejar esa maravillosa felicidad. Miré mi cuerpo y pensé que volver a él sería como entrar en una letrina, pero era la mejor manera de concluir mi misión para unirme al Señor, a Sai Baba. Así pues, reingresé a mi cuerpo... y en ese mismo instante, todo volvió a empezar: los problemas para respirar, malestar por estar muy enfermo pero aún vivo. Abrí los ojos, miré a mi esposa y le dije: "Te ves preciosa vestida de rosa..."

El muchacho que se negó a renacer

No todos los relatos sobre vida intermedia son tan edificantes como el de Walter Cowan. En 1911, un adolescente inglés llamado W. Martin fue golpeado por una piedra que cayó accidentalmente de una barda; quedó inconsciente y, al parecer, a punto de morir. Desde un estado descarnado, veía cómo la gente atendía su cuerpo. Contra su voluntad se le llevó a una habitación donde una mujer daba a luz. La identificó como la señora Wilson. También vio cómo un médico tomaba al bebé en sus manos y él se sintió obligado a empujar su cara contra del bebé para entrar en su cuerpo. Pero pensó en su madre y de inmediato se dirigió hacia donde estaba ella. Luego, acompañó a sus padres a donde yacía su cuerpo y volvió a entrar en él. Con eso, recobró por completo la conciencia, se reincorporó, repitió las conversaciones escuchadas mientras estuvo fuera de su cuerpo y describió la escena presenciada en casa de la señora Wilson. Después se supo que la señora Wilson murió a las 2:05 p.m. de ese mismo día, tras dar a luz una niña muerta.

No importa lo que pensemos de estas historias, nos plantean la intrigante posibilidad de que la vida intermedia sea el mundo real y nuestras existencias terrenales sólo oportunidades para desarrollar nuestra educación espiritual.

14
¿En el cuerpo equivocado?

El soldado japonés

Ma Tin Aung Myo era un típico joven birmano: vestía camisa de estilo occidental con el tradicional *longyi* estampado a cuadros a la altura de los tobillos y salía con chicas del lugar, cerca de la aldea de Na-Thul. Pero Ma Tin Aung Myo era diferente. Era mujer.

La historia que cuentan ella y su familia es inusual porque recuerda haber sido una persona del sexo opuesto de otra nacionalidad. Ma Tin Aung Myo dice que en su vida anterior fue soldado japonés.

Pero, ¿por qué renacería un soldado japonés en el cuerpo de una chica birmana? Es una pregunta que no puedo responder, sólo decir que el ejército japonés ocupó la aldea donde vivía Ma Tin Aung Myo poco después de invadir Birmania (hoy Myanmar) en 1942: aviones aliados bombardeaban el área, en ocasiones hasta dos veces al día, y ametrallaban a cualquier persona en tierra, pues debían defender la cercana estación de trenes de Puang, punto de importancia estratégica. Como es comprensible, los birmanos decidieron escapar a los ataques, saliendo de sus aldeas por la mañana y regresando por la noche, para dejar a la fuerza de ocupación japonesa en la línea de fuego.

Según Ma Tin Aung Myo, un ataque aliado terminó con su vida anterior. Podía recordar que era un soldado japonés que se disponía a cocinar algo cerca de una acacia, como a 75 metros de la casa donde después nacería Ma Tin Aung Myo. Sólo llevaba shorts y un gran cinturón cuando lo detectó un piloto, quien comenzó a rociarlo con su ametralladora. El soldado corrió a esconderse tras una pila de leña con la esperanza de escapar, pero fue herido en una ingle y murió de inmediato.

Ma Tin Aung Myo tenía cuatro años cuando empezó a temer a los aviones que pasaban por ahí. La primera vez que vio uno, dijo a su padre: "Quiero ir a casa. Quiero ir a casa", y desde entonces lloraba cada vez que veía alguno. Cuando le preguntaron por qué, dijo que el avión le dispararía. En otras ocasiones, se deprimía y lloraba sin razón aparente. Cuando le preguntaban, respondía: "Me lamento por Japón".

Después, poco a poco contó a su familia que recordaba una vida pasada en el norte Japón, donde tenía cinco hijos, el mayor varón. A menudo, la pequeña Ma Tin Aung Myo expresaba el anhelo de regresar a Japón, y era obvio que le incomodaba el caliente clima y la picante comida de Birmania. Pero conforme creció, los recuerdos de esa vida anterior se debilitaban y era más tolerante hacia las condiciones birmanas.

Hubo un aspecto de su personalidad que no cambió. Desde temprana edad, Ma Tin Aung Myo insistió en usar ropa de niño y el pelo corto. Cuando el profesor Stevenson la entrevistó en 1974, tenía 21 años y se jactaba de no tener una sola prenda de ropa femenina birmana. Cuando niña, le gustaba rodearse de niños, sobre todo para jugar a los soldados, y solía pedir a sus padres pistolas de juguete. También le gustaba jugar futbol.

Su padre era más complaciente que la madre a este respecto, sobre todo en relación con la ropa. Pero su deseo de vestirse como niño le creó problemas cuando se encontraba en sexto grado escolar y las autoridades insistieron en que se vistiese como niña. Ma Tin Aung Myo se rehusó. La expulsaron. A partir de entonces, sus padres no objetaron que se vistiese con ropa masculina.

A fines de su adolescencia, comenzó a relacionarse con más chicas y ellas la aceptaban, aunque la llamaban ko, término masculino, y no ma, honorífico femenino.

En 1977, Ma Tin Aung Myo rechazó por completo su posición femenina en la sociedad, y su madre, U Win Maung, informó que había "adquirido la costumbre de salir con chicas".

Su identificación con el sexo masculino la llevó a decir a los investigadores que, de ser necesario, la mataran como eligieran pero le garantizaran una cosa: que renacería como niño.

"No teníamos el deseo de llevar a cabo la primera de sus estipulaciones", señalaron, "ni el poder para realizar la segunda."

El profesor Ian Stevenson sugiere que la reencarnación debería considerarse explicación de la transmisión de habilidades de una vida a otra, y cree que quienes trabajan en el campo de la confusión de identidad sexual deben pensar en la influencia de vidas anteriores como una causa posible. Comenta:

> A veces, la explicación más sencilla es la mejor, y creo que psiquiatras y psicólogos occidentales deben tomar en serio y estudiar mejor las bases de la interpretación sudasiática de los casos de disforia de género.

Aunque el caso de Ma Tin Aung Myo no pudo corroborarse, hay casos similares con evidencias impresionantes de vidas pasadas. Los mejores son de niñas que quisieran ser niños.

El estudiante que renació como niña

La primera indicación de que Dolon Champa Mitra era diferente de otros niños apareció cuando ella empezó a usar ropa de niño a los tres años y medio. Hija de un superintendente de la sección de productos de granja del Ramakrishna Mission Ashram en Narendrapur, Sri Lanka, un día su madre la sorprendió con la camisa y el pantalón de su hermano mayor. Kanika Mitra la amonestó, y cuando le pidió se recostara a su lado, la niña respondió: "No... me regañas por usar camisa y pantalón. Antes yo era un niño poco más grande que ahora y vivía en una casa que parecía un palacio".

La sorprendida madre dijo: "¿Qué dices?", a lo que su hija respondió: "Sí madre, yo digo la verdad. Tenía un hermano y una hermana menores. También una tía gorda y mi mamá se llamaba Baudi. Llévame cerca del palacio del Maharajá y yo te guiaré hasta ahí". Afirmó que había vivido en Burdwan, ciudad al noroeste de Calcuta.

Sus padres, curiosos, accedieron a esta petición, pero Dolon no localizó el sitio en su primer intento y regresaron a casa. Insistió en que la volvieran a llevar, y sus padres aceptaron el 30 de marzo de 1972, ayudados por colegas del padre que conocían Burdwan. Esta vez, encontró la casa y se les invitó a pasar a ella, su madre y otras dos mujeres. En el edificio, Dolon reconoció a varias de las mujeres de la casa, así como diversas habitaciones y objetos. Era obvio para todos que recordaba la vida de Nishith De, joven muerto en 1964. La madre del muchacho estaba molesta por esa intrusión repentina, quizá porque, al parecer, su hijo regresaba como niña. Cuando Dolon se le acercó, ella la apartó y dijo a su madre: "Quédese con su hija", antes de retirarse y encerrarse en su habitación. Esas acciones alteraron a la niña, y la falta de cooperación de los padres del joven que ella decía haber sido dificultaron la corroboración. Otros miembros de la familia de Nishith De sí cooperaron y confirmaron la mayoría de las afirmaciones de Dolon.

La familia De tenía negocios y se encontraba entre las más ricas de Burdwan. Su hijo, Nishith De, había nacido en 1940. Estudiaba en el Burdwan Raj College cuando, a los 24 años, desarrolló una enfermedad cerebral que empeoró con rapidez. Murió el 25 de julio de 1964 tras estar en coma quince días.

Aunque las evidencias que Dolon Champa Mitra proporcionó son impresionantes, me enfocaré en su confusión de identidad sexual. Como vimos, la niña empezó a vestirse con ropa de su hermano desde muy pequeña, le gustaba usar camisa y pantalones cortos. Sin embargo, usaba vestidos para ir a la escuela y parecía probable que, al alcanzar la pubertad, su pasada identidad sexual no influyera, como al parecer había hecho en Ma Tin Aung Myo.

¿Renacido como mujer por explotar a las mujeres?

Rani Saxena tenía recuerdos muy claros de su vida anterior como hijo de un próspero abogado en Benares, India. Esta niña de Allhabad, nacida en una familia de recursos mucho más modestos, se identificaba de manera muy intensa y desde temprana edad con su vida anterior, mediante actitudes masculinas. Éstas continuaron hasta la edad madura, cuando ya se había casado (por un arreglo entre familias) y procreado dos hijos. A pesar de eso y de ser buena madre, aún empleaba formas verbales masculinas (en lengua hindi, algunas formas verbales indican el sexo de quien habla). Acabó por creer que Dios la había puesto en cuerpo femenino y le había dado una vida de relativa pobreza, porque en su vida anterior como abogado había explotado a las mujeres.

Nacido por fin como mujer

Un caso diferente es el de Gnanatilleka Baddewithana, quien podía recordar que como niño había deseado ser niña, lo cual se cumplió. Es más, cuando los investigadores revisaron su historia, este aspecto poco común pareció confirmarse.

Nacida en Hedunawewa, Ceilán (hoy Sri Lanka) el 14 de febrero de 1956, Gnanatilleka comenzó a hablar sobre su vida anterior cuando tenía dos años. Decía que en otro lugar tenía madre, padre, dos hermanos y varias hermanas. Con el tiempo, dijo que la aldea donde vivió se llamaba Talawakele y mencionó otros detalles, incluidos varios nombres. A partir de esta información, se dedujo que se refería a una familia que había perdido a un hijo de trece años llamado Tillekeratne en noviembre de 1954. Cuando ambas familias se encontraron, pudo reconocer a varias personas, incluidos sus padres anteriores. También desarrolló una relación muy cercana con D.V. Sumithapala, maestro interesado de manera particular por Tillekeratne en su escuela, quien recordaba que el chico le preguntaba si cuando morimos volvemos a nacer, y también si era posible que un niño renaciera como niña. A veces, el cariño y la veneración que Gnanatilleka tenía hacia su antiguo maestro excedía el mostrado hacia sus padres.

Ella siempre esperaba impaciente sus visitas, y el profesor Sumithapala correspondía a su afecto. Dijo haber llorado cuando lo reconoció por primera vez en la primera visita que hizo a Hedunawewa en 1960. Fue testigo de los reconocimientos que ella hizo de la familia y amigos de Tillekeratne en Talawakele, y cuando se conmovía demasiado, la consolaba. Aún la visita.

El maestro estaba convencido de que quien alguna vez fue su alumno había renacido como Gnanatilleka, y también lo estaba la madre de Tillekeratne. Los padres de Gnanatilleka compartían ese sentir, y les preocupaba que cumpliera su amenaza de regresar con su madre de Talawakele.

Además de la pregunta hecha a su maestro acerca de renacer como niña (lo cual sugiere que quizá él lo deseaba) su madre y su maestro dijeron que Tillekeratne desarrolló una clara tendencia al afeminamiento. Esto se evidenciaba al preferir la compañía de niñas sobre la de niños... "interés en la costura, afición a las camisas de seda y, en ocasiones, gusto por pintarse las uñas". Aunque en Sri Lanka un hombre que se pinte las uñas no es tan criticado como en Occidente, también se le considera indicio de afeminamiento y, además, Tillekeratne era el único chico a quien su maestro vio hacer eso.

Gnanatilleka también dijo ser más feliz como niña que en su vida anterior. Aunque en esta vida mostró tendencias masculinas desde pequeña, desaparecieron tan pronto se desarrolló como mujer.

"¿Por qué me convertí en niña?"

En otro caso de Sri Lanka, Ruby Katsuma Silva empezó a hablar sobre una vida anterior antes de cumplir dos años. Nació en Galle en septiembre de 1962, la menor de nueve hijos (siete hombres) de un empleado de la oficina de correos de Batapola. Como tenían siete hijos y una hija, la llegada de otra niña a la familia fue recibida con beneplácito por sus padres. Pero tan pronto habló, Ruby insistió en que ella había sido hermano y no hermana, y se comportaba como niño. Incluso preguntaba: "¿Por qué me convertí en niña?"

Dijo a sus padres que vivió en el pueblo de Aluthwala, había asistido a una escuela religiosa en su templo y trabajado en campos de arroz. Un día, al regresar de los campos, cayó a un pozo y se ahogó. Sin vocabulario, Ruby explicó mediante gestos lo ocurrido. Su madre fue al templo a indagar y, con ayuda de monjes, descubrieron que una familia apellidada Singho había perdido a un hijo, Karunasena, de la manera descrita en julio de 1959, cuando tenía siete años y medio.

Esas noticias llegaron a la familia de Karunasena y varios de sus miembros decidieron visitar a Ruby en Pollewa. Ella identificó a quienes Karunasena había conocido. De hecho, como eran desconocidos para la familia de Ruby, ella hizo las presentaciones, como si fuese el chico.

Al igual que otros sujetos que sufren confusión de identidad sexual, el comportamiento masculino de Ruby se manifestó en su ropa y juegos. Prefería pantalón, camisa y sarong, como en su vida anterior. Aun cuando usaba vestido, portaba shorts. Para satisfacer esa necesidad, tomaba sarongs, camisas y camisetas de sus hermanos. Era muy hábil para volar la cometa y el *cadju* (similar a las canicas), y se juntaba con niños para jugar críquet y andar en la bicicleta de su hermano. Le encantaba trepar árboles (los investigadores lo consideraron su rasgo más masculino) y también silbar. Tendía a ser agresiva en discusiones con sus hermanos. También era notable su falta de interés por cocinar, considerada habilidad femenina.

Ruby nunca pidió a su familia que la llamaran por su nombre anterior, pero sí que la llamaran hermano o hijo. Su madre accedió en 1968, pero los niños sólo le decían hermano cuando se enojaban con ella.

Era claro que a Ruby la desconcertaba el cambio de sexo de la vida anterior a la presente, y en una ocasión dijo a su madre que cuando muriera le gustaría renacer como niño.

¿Cambiamos de sexo en diferentes encarnaciones?

En regresiones hipnóticas a vidas pasadas, los sujetos suelen descubrir que pertenecieron al sexo opuesto, y parecen aceptarlo sin sorpresa ni vergüenza. Si los recuerdos son hechos reales, fantasías o deseos, es una pregunta abierta. Pero de acuerdo con estudios científicos de reencarnación, sobre todo en niños con aparentes recuerdos de existencias previas, es raro experimentar cambio de sexo de una vida a otra.

"De un total de 600 casos, la alternancia de sexo entre dos encarnaciones sólo se presentó en cinco por ciento de ellos", informa el profesor Stevenson. También señala que la proporción varía muchísimo de una cultura a otra, lo cual refleja con precisión sus creencias. Por ejemplo, el fenómeno ocurre en la mitad de casos por él estudiados entre los kutchin (athabaskan), territorios del noroeste de Canadá, mientras está totalmente ausente en Líbano y Turquía, así como entre tribus del sudeste de Alaska (los tlingit) y de Columbia Británica (los haida, los tsimsyan y los gitksan). En el resto de lugares estudiados, oscila de 28 por ciento en Myanmar a quince por ciento en Estados Unidos (sin contar tribus indígenas), trece en Tailandia, nueve en Sri Lanka y tres por ciento en India. ¿Por qué?

El profesor Stevenson ofrece la siguiente explicación:

> Cuando hago esta pregunta a informantes de países donde ocurre alternancia de sexo, me dicen que es posible cambiar de sexo de una vida a otra; pero al preguntar lo mismo a informantes de culturas donde no ocurren esos casos, me dicen que dicho cambio de sexo es imposible... Salvo una, en todas las demás culturas donde ocurre alternancia de sexo, los casos de niñas que se recuerdan como hombres se presentan con el triple de frecuencia que los de niños como mujeres. Como esta proporción desigual es consistente, casi podría considerarse una característica universal, aunque limitada a culturas en que ocurren cambios de sexo.

15
Víctimas de la guerra

La amante del nazi

Lena-Marie Broman, nacida en Suecia, luchaba por encontrar palabras para describir el horror de sus recuerdos de una vida anterior mientras se dirigía a un numeroso público en Noruega. Con voz a veces quebrantada por la emoción, habló sobre la atracción que siempre sintió por Viena y el poderoso asombro experimentado cuando, a los catorce años, vio su primera película sobre la Segunda Guerra Mundial. "Quedé abrumada por un sentimiento terrible y casi me desmayo."

Pero, ¿se trataba de la repugnancia natural que sentimos al ver las atrocidades de la guerra, o de un trauma verdadero y muy arraigado que la atormentaba? Lena-Marie Broman encontraría la respuesta en 1989, cuando ella y su ex esposo viajaban en auto por Suecia. Su pacífico recorrido acabó cuando pasaron por un cuartel militar y ella de inmediato anunció: "¡Ahí está!"

Su desconcertado esposo le preguntó de qué hablaba, pero Lena-Marie no pudo responder. De repente se vio rodeada, al parecer, de recuerdos de su vida anterior. Tiempo después me dijo:

> Sentí como si hubiese entrado en un túnel oscuro. ¡Fue horrible! Me vi en un camión de la Cruz Roja, y supe que había muerto en un campo de concentración. Creí que era Dachau, pero luego descubrí que era Buchenwald. Supe que tenía dos hijos y estaban perdidos. Al avanzar unos 100 metros, saqué un espejo porque estaba llorando mucho y se me había corrido el maquillaje. Quería componerme con un poco de rubor en mis mejillas. De repente, al mirarme en el espejo, vi una cicatriz blanca y profunda aquí en mi mejilla.

Luego consultó a Carl, psicoterapeuta que la hizo retroceder y la ayudó a recordar cosas sucedidas durante su asombrosa experiencia. Lena-Marie conoció a Göran Grip, anestesiólogo que la ayudó a entender su vida anterior. Mediante hipnosis, reconstruyeron poco a poco su dolorosa historia como Anna-Marie Kellerman, judía casada con un músico y madre de dos hijos, Naima y Heinz. Pero también era la amante del comandante Koch, quien vivía en Buchenwald. Conforme aumentaron las atrocidades de los nazis, le arrebataron sus hijos y a ella también la lastimaron.

En una visita a Viena, Lena-Marie incluso localizó el apartamento donde vivió en aquella encarnación e hizo un dibujo de la tienda de su padre, la cual también pudo encontrar. Pero, ¿qué valor tiene esta información como evidencia?

"En realidad no nos interesa encontrar pruebas fácticas", me dijo Göran Grip después de que él y Lena-Marie bajaron de la plataforma desde la que hablaron durante la mencionada conferencia. "Si buscamos experiencias y su confirmación es porque resultan significativas para mí y para Lena-Marie. No necesitamos pruebas fácticas, aunque nos hemos topado con algunas." Lo más importante para ellos es el cambio ocurrido en Lena-Marie tras la aparición de esos recuerdos. Hoy dice:

> Cuando niña, nunca estuve a gusto con mi familia: me sentía como víctima y aún tengo dificultades para manejar eso. Este sentimiento ha afectado toda mi vida desde el principio. Y, de muchas maneras, fui una víctima... pero eso se acabó. Morí con un sentimiento de culpa por mis hijos y mi esposo. Ahora sé como enfrentarlo. El tiempo cura todas las heridas.

Si lo que experimentó Lena-Marie Broman en verdad fue como víctima de los nazis en su vida anterior, piensa en cuántas personas más (millones que murieron en el holocausto) pueden renacer con las cicatrices psicológicas de esa terrible experiencia. Lo confirmó otro de los ponentes en la conferencia de Noruega, rabino Yonassan Gershom, hombre animado y alegre cuyo libro *Beyond the Ashes* introduce ideas y conceptos nuevos (a veces polémicos) en el tema de la reencarnación.

Misticismo judío y cábala

Antes de examinar las visiones del rabino Gershom, debemos explicar por qué él, siendo judío, se siente a gusto con su creencia en la reencarnación:

> Muchas personas no son conscientes de que el misticismo judío incluye enseñanzas sobre reencarnación, cuya voz hebrea es *gilgal* y comparte raíz con la palabra círculo, pues tiene que ver con ciclos. Así, desde una perspectiva lingüística, el concepto es similar a la idea del karma. En algún momento de nuestra historia fue una enseñanza principal; por ejemplo, yo me atrevería a decir que, durante la Edad Media, la mayoría de los judíos de la España musulmana, norte de África, Irán e Irak (a quienes aún conocemos como sefardíes) creían en la reencarnación. En el siglo XX, los judíos hasídicos, que son los místicos de Europa del Este, de donde proviene mi familia, también creen en la reencarnación. Así, aunque el público en general lo ignora, hay enseñanzas judías acerca de la reencarnación.

Nacido en California y criado en Filadelfia, nunca estudió literatura sobre reencarnación ni experimentó regresión alguna cuando tuvo su primer encuentro con una persona que parecía reencarnar a una víctima del holocausto. Durante varias conferencias celebradas en Minneapolis sobre misticismo judío (cábala), notó la presencia de una bella rubia escandinava a quien invitó al grupo de estudio que dirigía en su casa.

Una noche con tormenta de nieve canceló la clase por lo resbaladizo de los caminos. Pero ella no vivía lejos y tampoco recibió el mensaje de cancelación. Así que cuando apareció, el rabino Gershom le dijo: "Bueno, ya que estás aquí, ¿por qué no pasas, tomamos café, nos quitamos el frío, hablamos y cenamos?"

Tomaron café y preguntó a su visitante sobre qué le gustaría hablar. Para su sorpresa, ella dijo: "Sobre el holocausto". Mencionó que su hermana, con quien vivía, trabajaba en un proyecto de investigación con ese tema para la universidad e insistía en leerle partes de su trabajo. Lo que escuchó la horrorizó y quería hablar al respecto, pero no podía manejarlo. Según relató al rabino Gershom, desde niña sintió un miedo terrible cada vez que alguien mencionaba a los nazis o el holocausto y no podía explicarse eso racionalmente, pues creció en un pequeño pueblo rural de Minnesota, en medio de prados. Ahí no había nazis. De hecho, tampoco judíos.

Mientras trataba de explicarle sus miedos en apariencia irracionales, el rabino experimentó algo inusual. Sin embargo, antes de decírmelo, se esforzó por ponerlo en perspectiva:

> En casos así, siempre digo que en la tradición judía nosotros no presenciamos nuestras experiencias espirituales. En esa tradición hay muy pocos libros que narren testimonios directos de visiones y cosas así. Y no es porque no tengamos esas experiencias, sino porque se considera algo muy egoísta que alguien se jacte de visiones o sueños, o presuma ser un profeta... Y digo esto porque, perdón por decirlo, estoy rompiendo un tabú cultural.
>
> Mientras estaba sentado frente a ella, otro rostro se superpuso al suyo, como una doble exposición fotográfica. Pero las caras de ambos estaban vivas (no era una fotografía estática), como si viera dos vi-

deos al mismo tiempo superpuestos. Su rostro era el de una mujer joven y bella de piel clara, hermosos ojos azules y cabello largo y rubio, arreglada y atractiva, el que uno esperaría ver en la portada de una revista elegante. Sin embargo, sobre ese rostro se veía otro muy delgado, demacrado, desnutrido y dolorido, con la cabeza afeitada, ojos y boca hundidos, como una víctima de un campo de concentración. Ambas bocas se movían, y mientras percibí una lejana melodía que reconocí de inmediato. Es una tonada que proviene del misticismo judío pero no es muy conocida (no era como escuchar Yankee Doodle) y es casi seguro que ella nunca la hubiese escuchado.

Entonces dije: "Mira, quizá esto te parezca un tanto extraño pero creo que estoy a punto de encontrar algo. Quisiera hacer un experimento. Voy a tararear algo a ver si lo reconoces". Ella aceptó y yo empecé a tararear esto...

Su profunda y rica voz produjo una melodía que hoy es más conocida en todo el mundo que en la época en que ocurrió la experiencia relatada. La tonada proviene de la tradición Breslover Hasidim y la letra es de Maimónides: "Creo con perfecta fe en la llegada de un Mesías, y aunque demore, yo creeré..."

El rabino Gershom continúa:

> No se sabe bien cómo surgió esta melodía, pero algunos judíos de los campos de concentración empezaron a entonarla como un canto de fe. Hoy se le conoce como El himno de los campos y se dice que los Breslover Hasidim la cantaron en desafío mientras entraban en las cámaras de gas, conscientes de que iban a su muerte.

Se cantó cuando Juan Pablo II visitó la sinagoga de Roma a finales de los años ochenta y también la utilizó Steven Spielberg en su poderosa película *La lista de Schindler*. Ambos sucesos fueron posteriores al encuentro del rabino Gershom con su visitante rubia.

Al escuchar la canción, lanzó un gemido de dolor y comenzó a mecerse hacia delante y hacia atrás. De acuerdo con el rabino:

> rompió en llanto, empezó a sollozar y a describir una escena en un campo de concentración y dijo

> haber muerto ahí. Tuvo una catarsis, hablamos largo rato sobre lo que había experimentado. Describió visiones. No fue una descripción muy racional. Se puso histérica. Gritaba y lloraba casi como en trance, con la mirada perdida... Fue como si todo ocurriese en ese momento, al grado que empecé a decirle: "Estás a salvo, todo está bien. Dime lo que ves. Haz de cuenta que es una película y deja de experimentarla físicamente, sólo vela. Hubo tanto dolor y sufrimiento físico que si alguien lo experimentara como si en verdad ocurriese, podría ser algo aterrador.

Al final, pudo separarse de la escena y describir lo que veía y experimentaba con más objetividad. Según el rabino Gershom, fue el principio de un proceso de curación que le permitió superar su nazifobia.

Éste fue el primero de más de 200 casos que encontró el rabino Gershom, documentados en su libro (y desde entonces ha descubierto varios más). Como muchos tienen que ver con la manera en que murió la persona, no siempre es muy agradable de leer, pero el rabino arguye que no sólo es justificable, sino necesario:

Yo no abundo en detalles por morbo sino para señalar que la idea popular de seis millones de judíos en la cámara de gas no refleja las diversas maneras en que en verdad los asesinaron. Tampoco considera las decenas de miles que murieron de inanición, agotamiento, enfermedad, suicidio o marchas forzadas. Se les disparó, apuñaló, violó, ahorcó, ahogó, destripó, arrastró detrás de vehículos, quemó, enterró vivos y mató en experimentos médicos. Uno no puede sino horrorizarse ante la diabólica imaginación de los escuadrones de la muerte nazis, a quienes nunca faltaron nuevas maneras de atormentar a sus víctimas.

¿Conservan las almas su identidad cultural?

Dos tercios de las víctimas identificadas por el rabino Gershom al principio de este estudio, renacieron como no judíos; ello inspiró a algunos periodistas a utilizar tal estadística para una salvaje especulación que molestó mucho al rabino:

> Algunas personas creen que si los judíos reencarnan como no judíos eso demuestra que no tienen ninguna identidad que se transmita a lo largo de los siglos. Esto es algo casi antisemita. Necesito hacer hincapié en que muchos pueblos tribales, no sólo judíos, creen que el alma reencarnará en la misma aldea, familia o cultura.

También señala que la muestra en que basó su libro se tomó mayormente en un área de Estados Unidos donde había pocos judíos. Según Gershom, desde la publicación de su libro: "He conocido a cientos de individuos que fueron judíos durante el holocausto y han vuelto a serlo en esta vida. Así que debo revisar mis números". Sin embargo, acepta que casi no sorprende que algunas víctimas de los nazis, al saberse condenadas por su apariencia física, se llevaran a la siguiente vida el miedo de tener cabello oscuro o alguna otra característica racial.

El rabino Gershon publicó también *From Ashes to Healing,* secuela del libro anterior, que contiene quince historias verdaderas de encuentros místicos con el holocausto. Incluyen la de Lena-Marie Broman, narrada con mayor detalle que el permitido en la conferencia de Noruega. En ella, Lena-Marie revela que poco después de buscar la ayuda de Carl, el psicoterapeuta, lo reconoció como el comandante que al final los envió a ella y sus hijos a la muerte. Sin embargo, igual que en su vida anterior, ella y Carl se convirtieron en pareja y hoy trabajan juntos en Uppsala, Suecia, y ayudan a sanar a otras personas.

El holocausto y las leyes del karma

Atrocidades como las de los nazis plantean importantes preguntas acerca de la naturaleza del karma, la llamada ley de causa y efecto que, según se dice, lleva la cuenta de nuestras acciones buenas y malas a lo largo de varias vidas. El holocausto presenta una situación como la del huevo y la gallina, pues al atribuir un suceso al karma, uno debe hacer un juicio para saber quién es el agresor y quién la víctima.

Como vimos en el capítulo uno, el jefe de aviación Lord Dowding recibió muchas muestras de enojo cuando declaró: "Tengo ciertas razones para suponer que quienes sembraron las semillas de la crueldad durante la Inquisición, cosecharon sus propios frutos en Belsen y Buchenwald".

Entre las personas que lo censuraron en el airado debate periodístico que siguió, estuvo Hannen Swaffer, famoso periodista inglés y firme creyente en la vida después de la muerte. Arguyó que, si acaso Lord Dowding tenía razón:

> deberemos preservar la crueldad por siempre para que los torturadores también sufran cuando llegue su turno. Entonces, ¿para qué luchar por el mejoramiento de la humanidad? ¿Para qué buscar el final de la guerra? ¿Para qué trabajar por un orden social ideal? Si Dowding tiene razón, somos las víctimas de una ley inmutable de venganza a la cual debemos someternos. Si está en lo correcto, Belsen y Buchenwald fueron creación de Dios, para cuyo propósito Hitler y Himmler fueron los instrumentos. Se ha exterminado a casi cinco millones de judíos desde que comenzó la guerra. ¿Acaso a todos se les castiga por crímenes de alguna existencia anterior? Si es así, los antisemitas hacen lo correcto. ¡No, no y no!

Otro lector, al comentar que a los nazis se les torturaría en alguna vida futura, observaba: "Entonces, de esto se desprende que quienes una vez fueron torturados, al convertirse en torturadores, deberán sufrir la tortura de sus torturadores originales. Es absurdo".

El rabino Gershom es, quizá, la voz de la cordura en el debate kármico:

> ¿Qué ocurre cuando en una guerra se mata a millones de personas, antes de terminar lo que sería su tiempo normal de vida? Mueren de niños, en bombardeos, en el campo de batalla. Cuando esto ocurre, pienso yo, las cosas comienzan a confundirse un poco... Si estalla una guerra, altera todo el proceso de alguna manera y, por lo tanto, algunas personas en verdad mueren demasiado jóvenes y dejan asuntos pendientes. Sienten la necesidad de regresar. Es una de las razones de que esas personas retornen como no judíos. Además no había suficientes cuerpos para regresar como judíos: como no había seis millones de judías embarazadas, tomaron el primer embrión disponible, sin importar a qué cultura o

familia pertenecía y volvieron tan rápido como pudieron.

El piloto alemán que renació en Escocia

No conozco ningún líder nazi renacido. Quizá reencarnaron en algún seguro puerto sudamericano. Pero sé de un piloto de guerra alemán que murió mientras conducía un avión Dornier y renació en Escocia... como miembro de la Real Fuerza Aérea.

Ken Llewelyn, quien se unió a la Real Fuerza Aérea en 1960 como piloto, debió abandonarla al descubrir que tenía miedo de volar. Entonces emigró a Australia, fue oficial de relaciones públicas con la Real Fuerza Aérea Australiana. En ese país, tuvo una sesión con una médium, la cual le dio una explicación sorprendente de su fobia. Le dijo que había sido un piloto de guerra alemán a quien habían derribado en cielo inglés. Tiempo después, en Inglaterra, visitó el Arthur Findlay College, centro espiritualista ubicado en Standsted, Essex, y recibió más mensajes de médiums acerca de su vida anterior. Incluían su decapitación al estrellarse el avión y que un pariente le proporcionaría información muy útil.

Viajó a Newport, Gales, donde un tío suyo le contó que, mientras realizaba labores de patrullaje en Sheringham, pantanos de Norfolk, en 1942, recogió el cuerpo decapitado del piloto de un avión Dornier que aún llevaba las insignias y condecoraciones de la fuerza aérea alemana. Ello permitió a Ken Llewelyn identificar al piloto como Friedrich Wilhelm Dorflinger. Al someterse a regresión hipnótica, Ken percibió cómo se estrelló el avión y revivió el momento en que los controles se atascaron; un enemigo abrió fuego y él dijo a la tripulación que saltaran en paracaídas.

El sorprendente final de los ocho años de búsqueda de su vida anterior, llegó cuando Ken Llewelyn rastreó a Helmut Scrypezak (su copiloto, único superviviente del derribamiento) y se entrevistó con él. En su libro, *Flight Into the Ages*, dice que al final de su entrevista: "ambos nos lanzamos a los brazos del otro, con lágrimas en los ojos".

16
Volveré

El sacerdote renacido

Dona Marine quedó sorprendida al escuchar una voz masculina que la llamaba por su nombre en su solitaria casa de Brasil y ver que las cortinas se movían de manera extraña. Estaba segura de que ambas experiencias eran paranormales. También de haber reconocido la voz: pertenecía al padre Jonathan, sacerdote que fue capellán de su escuela muchos años antes y con quien había formado una relación muy intensa, aunque inocente, la cual se prolongó tras concluir sus estudios y casarse. Terminó cuando él se fue a otro pueblo y Dona empezó a criar su numerosa familia. Pero, ¿por qué en 1972, tantos años después de su partida, había escuchado su voz?

Lo que Dona Marine no podía saber era que justo en ese día, a 800 kilómetros de ahí, en la ciudad de

Belo Horizonte, el padre Jonathan sufrió un grave accidente de tránsito y estaba hospitalizado en estado de coma, del cual ya no se recuperaría. Esa noche tuvo un sueño en que el sacerdote aparecía, la llamaba por su nombre y extendía los brazos hacia ella.

¿Qué significaba? Poco después, una estación de radio transmitió la noticia de la muerte del popular sacerdote de 47 años "en un accidente automovilístico". Por supuesto, la ocupada ama de casa se entristeció, pero también le desconcertó que la extraña experiencia y el sueño coincidieran con la muerte del padre. Como debía hacer frente a problemas mundanos, olvidó el asunto.

En 1980, tuvo otro hijo a quien llamó Kilden. También le dio un segundo nombre (Alexandre), que utilizaba en privado para el padre Jonathan. Los primeros años del niño fueron normales, aunque parecía tener sueños agitados, acompañados por ligeros efectos como de poltergeist. Cuando tenía poco más de dos años, empezó a decir cosas extrañas e inquietantes.

Todo comenzó una vez que su madre lo llamó por su primer nombre: "No soy Kilden, tonta. ¡Soy Alexandre!" Dona Marine pensó que de esa manera el pequeño expresaba que su segundo nombre le gustaba más. Sin embargo, pronto se percató de que ahí había algo más, pues el chico añadió: "Soy el sacerdote. ¡Soy Alexandre!"

En otra ocasión, tras su tercer cumpleaños, su madre lo bañaba y se le ocurrió preguntarle de dónde venía, algo que había preguntado a sus demás hijos: "Y, ¿dónde encontró mamá a este niño tan bonito?"

La respuesta fue inmediata y directa: "Iba yo en mi motoneta, cuando llegó un camión y me arrolló. Me caí, me pegué en la cabeza y morí. Luego me fui hasta el fondo y... y encontraste a otro yo".

Dona Marine intentó ocultar su asombro.

"¿Cuándo ocurrió todo eso?" preguntó.

"Cuando yo era padre", respondió sin titubear.

Mostrando una notable calma, sabiendo que para entender aquello necesitaba de la ciencia, Dona Marine metió a su hijo medio seco en la cama y anotó las palabras exactas del chico.

Eso ocurrió ocho años después de la muerte del padre Jonathan. Pero a Dona Marine le sorprendía que Kilden mencionara una motoneta: según el informe radiofónico, el padre Jonathan había muerto en accidente automovilístico. Consultó a la policía y le proporcionaron el informe completo del accidente: en efecto, el sacerdote iba en una motoneta en el momento de morir.

Poco a poco surgió más información sobre los recuerdos del niño como el padre Jonathan. Reconoció fotografías de la escuela de su madre, y declaraba, mientras señalaba con el dedo la fotografía (y hablaba como si fuese el padre Jonathan): "Yo estaba aquí y mi mamá por acá". El sonido de una popular canción que gustaba al padre lo hizo romper en llanto. También identificó dos nombres que su madre mencionaba. Y a menudo hablaba en términos de: "Cuando yo era grande".

Muchos recuerdos se relacionaban con la causa de su muerte en la vida anterior. Kilden mostró pánico la primera vez que escuchó la sirena de una ambulancia y, durante una discusión familiar un tanto mórbida acerca de la peor manera de morir, insistió en que los accidentes eran la peor. Mientras lo decía, puso sus manos hacia fuera como asiendo el manubrio de una motocicleta.

A los trece años, Kilden conservaba recuerdos de su encarnación anterior y describió su partida, relato muy similar a otros de experiencias cercanas a la muerte. Al escuchar a sus padres discutir sobre qué debió sentir un amigo de la familia muerto en un accidente, Kilden interrumpió:

> Lo que se siente es esto: quien sufre el accidente llega y lo ponen en un cuarto lleno de aparatos que encienden los médicos. Conectan los instrumentos a tu cabeza y pecho para salvarte la vida. Luego la persona flota hacia una esquina del techo y ve cómo los doctores luchan por salvarla. Aparece una especie de gran hoyo de embudo en una esquina de la pared cerca de mí [*sic*], y trata de succionarme...

"¿Cerca de ti o de la víctima del accidente?", preguntó su madre, ante el súbito uso de la primera persona en el relato. Él se veía confundido.

"Bueno, supongo que era yo. Yo vi mi cuerpo y los médicos trataban de salvarme."

Todos discutieron si acaso había visto alguna recreación filmada de una experiencia cercana a la muerte, pero el adolescente negó:

> Cuando el hoyo te succiona y pasas por el túnel, ves una luz muy brillante al final. Era tan brillante que tuve que volver la cabeza. En verdad era resplandeciente, y el hoyo se cerraba tras ella desde la pared. Al mismo tiempo, los doctores movían la pantalla de una máquina que se había detenido. Todos se detuvieron ...

Una vecina de Dona Marine escribió a Hernani Guimarães Andrade, el investigador psíquico más importante de Brasil y fundador del Instituto Brasileño de Investigaciones Psicobiofísicas, informándole sobre lo que parecía ser un caso de reencarnación. Casualmente, Andrade es otro corresponsal internacional de mi revista. Aceptó investigar el caso y pidió más detalles a Dona Marine. Quedó tan impresionado por la información que ella le proporcionó que condujo 800 kilómetros para entrevistarla. Andrade, quien ha examinado 75 casos de reencarnación en Brasil, considera éste el mejor y escribió un libro al respecto: *Renasceu Por Amor*, sólo disponible en portugués.

El escritor Guy Lyon Playfair, quien habla portugués, lo reseñó para mi revista (*Reincarnation*

International Magazine), y rindió homenaje a la honestidad de la testigo principal, Dona Marine, quien solicitó usar pseudónimos para los protagonistas y rehusó recibir cualquier pago. Playfair también elogió los rigurosos estándares de investigación de Andrade, cuyo trabajo presentó en sus propios libros *The Flying Cow* y *The Indefinite Boundary*.

Playfair concluye:

> Raras veces he topado con un caso tan convincente en cualquier área de la investigación psíquica como el que se describe en este libro; es una fascinante historia de interés humano y una ejemplar muestra de investigación de campo.

"Sueños de anunciación"

Una interpretación del vívido sueño de Dona Marine el día en que el padre sufrió su fatal accidente es que anunciaba su intención de regresar o reestablecer su relación con ella, y lo hizo al renacer como su hijo. Puede parecer inverosímil, pero sueños y otros tipos de predicciones son comunes en casos de renacimiento. Algunas culturas creen en sueños de anunciación, en los cuales el individuo aparece para revelar su intención de reencarnar.

El esposo renacido

Un ejemplo ocurrió en India e involucró a un joven muerto de cólera a los diecinueve años, cuando su esposa tenía dos meses de embarazo. Poco después, Mamd Nandan Sayay se apareció a su esposa en un sueño muy vívido y le dijo que renacería como su hijo. Como prueba, añadió él, tendría una cicatriz en su cabeza y no tomaría su leche. Como lo predijo, dio a luz a un niño con una cicatriz de una pulgada de largo en el dorso de su cabeza y que rehusaba beber su leche. Cuando cumplió cinco años, llegaron más confirmaciones. Un tanto perpleja por la situación, el chico confió a su madre que había sido su esposo y sus abuelos eran sus padres.

El hijo renacido

Una pareja inglesa que perdió a su primer hijo cuando vivían en Malasia estaban convencidos de que volvió a nacer. La madre, que llegó ahí como prometida de un ingeniero, dio a luz a Philip Pryce Smith en octubre de 1920, pero el pequeño murió un mes después de su quinto cumpleaños por disentería. El padre envió a su esposa a un crucero por Birmania (hoy Myanmar) para sobrellevar su pérdida, pero pasó el tiempo llorando y orando. Tuvo un sueño en el que Philip rodeaba con los brazos su cuello y le decía: "Voy a volver contigo, mamá". A este sueño siguió otro, catorce semanas después de su muerte, en que Philip decía que regresaría dos meses después de Navidad. En febrero de 1927 tuvo un hijo a quien, como era de esperarse, llamó Philip. Sus padres erigieron una piedra en la tumba del primer Philip con la siguiente inscripción: "A la gloria de Dios y a la dulce memoria de nuestro hijo Philip Pryce Smith. Nacido el 22 de octubre de 1920. Fallecido el 22 de noviembre de 1925. Renacido el 23 de febrero de 1927. 'Dios cumple en forma misteriosa sus maravillas'. "

La víctima de asesinato renacida

Los padres de Malik Unlutaskiran no tuvieron ningún sueño que anunciara la reencarnación de alguien más en su hijo. Pero, dos días después de su nacimiento en Adana, Turquía, su madre tuvo un sueño muy intenso en el que su recién nacido insistía que le cambiaran el nombre de Malik por Necip. Accedieron a su petición, pero ya había un Necip en la familia y la superstición local decía que era de mala suerte repetir nombres. Decidieron llamarlo Necati.

Tan pronto empezó a hablar, Necati describió sucesos de su vida anterior y utilizaba palabras, expresiones y nombres desconocidos en su familia. Habló sobre un ataque que puso fin a la vida de Necip Budak, su encarnación anterior. Según decía, en aquella vida su esposa se llamaba Zehra y tenían varios hijos. Pero él peleó con su mejor amigo, Ahmed Renkli, por algo trivial, y éste lo acuchilló. Necip se desplomó sobre un charco de sangre y murió.

La mayoría de estas afirmaciones se corroboraron tiempo después, y cuando llevaron al chico a casa de Nicep Budak, identificó a la viuda y llamó a sus hijos por sus nombres, salvo a la hija menor, pues nació de manera póstuma. Incluso señaló una mancha en el muslo de su viuda, donde la cortó con un cuchillo durante un pleito.

La hija que regresó

No todas las predicciones de renacimiento provienen de sueños. Por ejemplo, en agosto de 1905, la esposa del capitán Florindo Batista tuvo la visión de su hija Blanche, muerta tres años antes. "Mamá, voy a regresar", anunció la chica. Madame Batista tenía dos meses de embarazo. Dio a luz otra hija y también la llamó Blanche. Durante su corta vida, la primera tuvo una nodriza suiza, María, quien solía cantarle una canción de cuna francesa. Tras morir la pequeña, dicha canción se prohibió en casa por los recuerdos dolorosos que traía, pero la segunda Blanche empezó a cantarla... con acento francés. Al preguntarle su madre quién se le había enseñado, ella respondió: "La aprendí yo sola".

La mujer estéril que tuvo gemelas

Un caso similar, ocurrido en Palermo, Sicilia, tuvo como protagonista a la hija del doctor Carmelo Samona. Alexandrina Samona murió de meningitis el 15 de marzo de 1910, y tras un aborto involuntario y una operación, se pensó que la señora Samona no volvería a concebir. Pero tres días después de su muerte, a los cinco años, Alexandrina apareció en un sueño de su madre y le dijo que dejara de lamentarse. "No te he dejado para bien", dijo ella, y agregó: "Pronto regresaré". Esto alteró a la madre, sobre todo porque el sueño se repitió tres días después acompañado de un extraño fenómeno: tres fuertes toques en la puerta de la sala, donde no había nadie.

Algunos amigos de la señora Samona la convencieron de asistir a una sesión espiritista donde recibió mensajes de su difunta hija en los que confirmaba su intención de renacer de su misma madre antes de Navidad y se responsabilizaba de los toques de puerta. Y eso no fue todo, pues la niña reveló que había otra criatura en las entrañas de la madre, lo cual indicaba que otro espíritu planeaba renacer el mismo día como su hermana. Cuando esto ocurrió, la señora Samona creía que nunca volvería a tener hijos, por lo cual lo que ocurría le pareció un engaño. Dada su condición en lo que a embarazos se refería, parecía improbable que pudiese dar a luz a un niño, ya no digamos gemelos, de lo cual no había antecedentes familiares.

No obstante, el 22 de noviembre de 1910 la señora Samona dio a luz gemelas, y las llamó Alexandrina y Maria-Pace. Más aún, la segunda Alexandrina tenía notables similitudes con su difunta hermana, incluidas venas alargadas en el ojo izquierdo (hiperemia) y una protuberancia bajo la oreja derecha. El doctor Samona escribió una larga relación de similitudes entre las dos Alexandrinas; la más asombrosa se relacionaba con recuerdos de la vida anterior. Aquí vale la pena recordar cierto incidente en palabras del padre. Se relaciona con la época en que la segunda tenía diez años:

> Hace dos años, comentamos con nuestras hijas gemelas la posibilidad de hacer una excursión a Monreale [donde] tenemos una de las mejores iglesias

normandas que existen. Al hablar del proyecto, mi esposa dijo a las niñas: "Cuando vayan a Monreale encontrarán lugares como nunca antes han visto". Alexandrina interrumpió: "Pero, madre, yo ya conozco Monreale, ya la he visto". Y cuando mi esposa me insistió en que nunca habíamos llevado a la niña ahí, ésta replicó: "Claro que sí he ido ahí. ¿No recuerdas que había una gran iglesia con la enorme estatua de un hombre de brazos abiertos en el techo? Y, ¿no te acuerdas que fuimos ahí con una señora que tenía cuernos y nos encontramos en el pueblo con unos pequeños sacerdotes rojos?" De repente, mi esposa recordó la última vez que fue a Monreale en compañía de la pequeña Alexandrina meses antes de su muerte: llevamos a una conocida nuestra que fue a Palermo para tratarse unos tumores deformantes que le crecían en la frente, y mientras entrábamos en la iglesia encontramos a jóvenes sacerdotes griegos con sotanas azules y adornos rojos. También que todos esos detalles impresionaron a nuestra pequeña hija.

Promesas de renacer

De asombrosas implicaciones son los casos de individuos que al acercarse a su muerte prometen reencarnar, lo que sugiere que podemos controlar cómo y dónde renacemos.

Las dos Marías

María Januaria de Oliveiro (a quien su familia llamaba Sinahí) se enamoró de dos hombres, ninguno de los cuales aceptó su padre. Uno se suicidó. Sinahí se deprimió y enfermó. Dijo a una amiga de la familia llamada Ida Lorenz que se sentía frustrada, quería morir y renacer como hija de Ida. Demostraría su renacimiento al hablar de su vida anterior. Murió al día siguiente, a los 28 años, pero como dijo, pareció renacer en la familia Lorenz en Rio Grande do Sul, Brasil. Se llamó María. Conforme crecía, empezó a hablar de su vida anterior, mencionaba su antiguo nombre y daba mucha información. Su padre, maestro de escuela, se interesó mucho por sus recuerdos y asentó que había hecho 120 declaraciones separadas y reconocido a muchas personas que conocía Sinahí. Como sus padres desconocían muchas cosas que contó, buscaron que las corroboraran otras personas. Al parecer, la familia Lorenz ha vivido reencarnaciones, como vimos en el capítulo cuatro.

El hombre que renació como hijo de su sobrina

Desde Alaska nos llegó el caso de Victor Vincent, anciano pescador tlingit que dijo a su sobrina, la señora de Corliss Chotkin, que tras su muerte renacería como su hijo. También predijo que ella lo reconocería por dos cicatrices de operaciones menores (una cerca del puente de la nariz y la otra en la espalda) con las cuales esperaba renacer. En la primavera de 1946, dieciocho meses después de su muerte, ella dio a luz un varón llamado como su padre. Corliss Chotkin hijo tuvo dos marcas de nacimiento justo donde Victor Vincent indicó, y a los trece meses, cuando su madre intentaba hacerlo repetir su nombre, dijo: "¿No sabes quién soy? Soy Kahkody", nombre tribal de Victor. Con el tiempo reconoció muchas personas conocidas por Victor Vincent y proporcionó más datos que corroboraron el caso.

El hombre que renació como su propio nieto

Una historia similar ocurrió a otro pescador de Alaska llamado William George, quien dijo a su hijo Reginald que desaba reencarnar cuando muriera. "Escúchame con cuidado", le dijo. "Si acaso existe la reencarnación (renacimiento en este mundo) regresaré y seré tu hijo." Al preguntarle Reginald cómo lo reconocería, William mencionó que tendría dos grandes lunares (en su hombro derecho y su antebrazo) iguales a los que tenía en esta vida. También dio a su hijo un reloj de pulso: "Guarda esto para mí". Reginald lo dio a su esposa para que lo guardara en su joyero. Pocos días después, William George salió a una expedición pesquera de la cual nunca regresó.

A los nueve meses casi exactos, el 5 de mayo de 1950, Susan George dio a luz un niño con dos grandes lunares, justo donde había predicho su abuelo. Se le llamó William George II. Conforme creció, mostró notables similitudes con el padre de su padre, algunas inexplicables por la genética. Trataba a la hermana de su abuelo como si fuese su hermana, y se dirigía a hermanos y hermanas de su padre como a sus hijos e hijas. Y, en una ocasión, cuando hurgaba en el joyero de su madre, localizó el reloj que encargó a Reginald. "¡Es mi reloj!", insistía.

Con el paso del tiempo, según se nos informa, William George II ha logrado entender que, al parecer, es su propio abuelo.

17
Confrontados por sus asesinos

La suegra asesinada

Asustada por una mujer que nunca había visto, Sunita Singh corrió al lado de su abuela y le dijo: "Ella me volverá a matar". Sunita estaba tan asustada, que su abuela abandonó una junta para regresar con la niña a casa. Se supo que esa mujer era nuera de la persona que Sunita decía haber sido en su vida anterior.

Esta historia de una víctima que parece encontrarse con su asesina es narrada por la doctora Satwant Pasricha, investigadora hindú, en su libro *Claims of Reincarnation*. Y como hay tantas vidas que han terminado de manera violenta, quizá no sea un caso aislado.

Sunita Singh, hija única, vivía en una aldea del distrito Mainpuri en Uttar Pradesh. Tenía dos años y medio cuando su abuela la llevó a una junta convocada en una aldea cercana. Para ese momento, había dicho a sus padres que la habían asesinado. Pero al ver a la mujer acusada del crimen, se desencadenaron recuerdos de su vida anterior y, además del temor de ser asesinada de nuevo, Sunita proporcionó más información acerca de su encarnación anterior.

Según decía, su nuera pagó a unos *goondas* (bandidos) para que la asesinaran. Describió sus fallidos intentos por escapar de ellos. Aunque su caso sólo nos proporciona seis afirmaciones comprobables, la doctora Pasricha comprobó que una mujer llamada Ram Dulari, a quien asesinaron en marzo de 1961, vivió en una aldea a dos kilómetros de ahí, y su autopsia reveló que la habían apuñalado, como Sunita declaraba. Su cuerpo fue cremado inmediatamente.

Sunita nació en 1967, seis años después del asesinato y sus padres la disuadieron de hablar sobre recuerdos de su vida anterior; les preocupaba que, si lo hacía, su asesina volviese a atacar. Al parecer, durante su niñez Sunita sufría de fiebre cada vez que veía a esa mujer, y tenía fobia a los cuchillos en la oscuridad.

El joven heredero que desapareció

Ravi Shankar Gupta fue más precoz al hablar de su asesinato. Cuando tenía entre dos y tres años, mencionó a sus padres su vida anterior y proporcionó nombre y ocupación de su padre, identidad de sus asesinos y lugar del crimen, así como otros detalles de la vida y la muerte de Munna Prasad, quien decía haber sido. Tiempo después, cada vez que veía a los dos asesinos, se llenaba de miedo.

Munna, cuyo padre Jageshwar Prasad era barbero en Kanauj, ciudad del distrito de Chhipatti en Uttar Pradesh, India, sólo tenía seis años cuando unas personas lo sonsacaron para alejarse del lugar donde jugaba y lo asesinaron brutalmente con arma blanca. Sus presuntos asesinos eran vecinos —Jawahar, también barbero, y Chaturi, lavandero—, y los vieron con Munna el día que desapareció. Después, Chaturi se confesó culpable, y se halló la cabeza mutilada y destrozada del chico. Sin embargo, tras ser acusado oficialmente del infanticidio, Chaturi se retractó de su confesión y, como no hubo testigos del crimen, el caso se anuló y ambos hombres salieron libres.

Su motivo era eliminar al heredero de Jageshwar Prasad, de modo que uno de los hombres, pariente suyo, pudiese heredar la propiedad.

Ravi Shankar Gupta nació en julio de 1951, seis meses después del asesinato de Munna. La primera vez que insinuó a sus padres su vida anterior fue al pedirles unos juguetes que, según decía, estaban "en la otra casa". Entre quienes testificaron sobre una existencia previa, y en particular sobre el asesinato, estaba su maestro, quien escuchó a Ravi Shankar declarar antes de cumplir seis años.

Con el tiempo, el padre de Munna se enteró del caso de Ravi y decidió visitar la casa de los Gupta, aun cuando eso molestó al padre de Ravi: lo consideró una intrusión y temió que el hombre intentase quitarle a su hijo. Rehusó hablar con el visitante y permitir que Ravi Shankar lo hiciera. Sin embargo, su madre aceptó y el chico pudo relatar el crimen: todo encajaba con lo que el padre del niño asesinado reconstruyó con base en la retractada confesión de Chaturi, y en su propia inspección de la escena del crimen y el cuerpo mutilado. Mas, el padre de Ravi Shankar se negó a cooperar, golpeó al chico para que dejara de hablar sobre su vida anterior e incluso lo envió a vivir fuera durante más un año.

El relato del asesinato de Munna Prasad y su identificación de los presuntos asesinos, impresionaron tanto al padre de Munna que quiso renovar los cargos. Los hombres fueron liberados cinco años antes por falta de testigos. Pero el padre vio frustrado su deseo de justicia porque había transcurrido demasiado tiempo desde el asesinato y la corte no habría aceptado el testimonio del chico. En el caso de Ravi Shankar Gupta, también encontramos una fuerte y lógica fobia a los barberos. Mucho tiempo después de que los recuerdos de su vida como Munna se desvanecieron, como suelen hacerlo al paso de los años, todavía sentía miedo de los dos presuntos asesinos, aun cuando ya no recordaba el origen de su temor.

Perdonado pero no olvidado

No todas las víctimas manifiestan miedo. Gopal Gupta, nacido en agosto de 1956, hijo del gerente de una gasolinera en Delhi, pareció adoptar una actitud clemente, aunque quizá se deba a que su asesino fue su hermano en la vida anterior.

El relato de Gopal sobre su encarnación previa surgió de una manera extraordinaria, no mucho después de empezar a hablar. Un día, su familia atendía a un invitado y Gopal le dio un vaso de agua. Pero cuando le indicaron que se llevara el vaso usado, se negó y dijo: "No lo haré. Soy un Sharma", y empezó a romper varios vasos.

Los Gupta pertenecían a la casta de los Bania, de nivel inferior a los Sharma, una subcasta de los brahmanes. Pero, ¿por qué creía Gopal ser un Sharma y qué le había hecho comportarse en forma tan grosera? Sus padres le exigieron una respuesta. Para su asombro, les dio una explicación larga y detallada.

Según dijo, tenía otro padre en Mathura, y otros dos hermanos, uno de los cuales lo había matado a tiros. Fue dueño de una empresa farmacéutica que llevaba su nombre, Sukh Shancharak. En aquella vida, poseía una casa muy grande con varios sirvientes que se llevaban trastes y utensilios sucios. Añadió que peleó con su esposa. La madre no quiso escuchar esa historia tan increíble. Su padre permaneció indiferente, pero comentó las aseveraciones de su hijo con otras personas, quienes confirmaron algunas. Luego, el gerente de ventas de la Farmacéutica Sukh Shancharak, ubicada en Mathura, se enteró de los recuerdos de Gopal y quedó impresionado al ver que guardaban una semejanza impresionante con la vida de su antiguo jefe, Shaktipal Sharma.

La empresa fue fundada por Kshetrapal Sharma, quien se hizo millonario y dejó el negocio en manos de dos de sus tres hijos, Vishwapal y Shaktipal. Como no le agradaba su hijo menor, Brijendrapal, en parte por haberse casado con una cristiana, lo excluyó de la herencia. Shaktipal sintió que era injusto y permitió a Brijendrapal participar en el negocio. Había desarrollado un plan en el que los tres hermanos se rotarían el puesto de director. Mas, con el tiempo, el menor comenzó a exigir a sus hermanos una mayor participación en las ganancias y, además, sospechaban que había cometido fraude durante su gestión como director. Los pleitos los afectaron e invadieron su vida doméstica. Al final, parece ser que Shaktipal decidió pagar a su hermano para sacarlo de la jugada. En India, las mujeres suelen controlar una parte considerable de las fortunas familiares, de modo que pidió a su esposa Subhadra Devi que le proporcionara el dinero necesario. Ella se negó y pareció empeorar la situación.

La hostilidad de Brijendrapal hacia sus hermanos alcanzó su clímax el 24 de mayo de 1948, cuando entró en las oficinas de la farmacéutica y, después de una breve riña, les disparó con un arma. Una bala alcanzó a Shaktipal en el pecho y murió en el hospital tres días después. El hermano fue culpado por homicidio y sentenciado a cadena perpetua. Cuando el joven Gopal Gupta empezaba a recordar su vida como Shaktipal Sharma, Brijendrapal había salido de prisión por enfermedad y sus caminos acabaron por cruzarse.

Sin embargo, antes, la viuda de Shaktipal, una hermana suya y su hijo fueron a Delhi para ver a Gopal y éste los reconoció. Lo mismo había sucedido después con Vishwapal, hermano mayor, y su esposa Satyawati. Aun cuando Gopal no pudo reconocer a Chandra Kumari Devi Shastri, una de las hermanas de Shaktipal, ella y su esposo invitaron al niño y su familia a la boda de su hijo, uno o dos meses después. Fue en la recepción de la boda que Gopal se encontró con su asesino, su hermano menor en la otra vida.

Trató de indicárselo a su padre mediante señas, pero S.P. Gupta se hallaba inmerso en una conversación y no atendió. Pero la esposa de Vishwapal Sharma testificó después que vio la reacción de Gopal y escuchó que le decía a su padre: "¡El hombre del disfraz fue quien me disparó!" Había identificado a Brijendrapal de manera espontánea, pese a que su antiguo hermano tenía barba (por ello lo del disfraz). Tras la boda, en el camino de regreso, Gopal preguntó a su padre: "Papá, ¿viste a mi hermano?" Cuando le respondió que no, el chico dijo que se lo había señalado y añadió: "Papá, se veía como un ladrón culpable". Esto se consideró una referencia, porque antes del asesinato Brijendrapal había robado dinero de la compañía. Después, el niño hizo todo lo posible por evitar cualquier encuentro con su asesino, pero no mostraba miedo ni deseos de venganza. Parecía estar preparado para perdonar, aunque no para olvidar.

En una visita a Mathura, Gopal visitó la casa donde vivía Shaktipal y la identificó como *su casa*. Primero declaró: "Ésta es mi sala". Luego: "Ésta es mi alcoba". Cuando lo regañaron por tocar un piano, el chico respondió enérgico: "¿Por qué no puedo tocarlo, si es mío?"

Gopal también identificó el camino desde el templo de Dwarkadish, en Mathura, hasta las oficinas de la Farmacéutica Sukh Shancharak. Su padre intentó hacerlo perder el camino, a lo cual Gopal respondió muy serio: "No me trates como a un niño. Conozco el camino". Una vez en las oficinas de la compañía, reconoció la ubicación del asesino y de la víctima.

Uno de los episodios más reveladores de los recuerdos de la vida pasada de Gopal, se relaciona con la riña que tuvo con su esposa por el asunto del dinero para Brijendrapal. Su renuencia a hacerlo exacerbó la situación y es posible que, como reencarnación de Shaktipal, Gopal la considerara en parte responsable de su muerte en la vida anterior. Cualquiera que sea la razón, cuando Gopal se encontró con Subhadra Devi Sharma, la viuda de Shaktipal, se rehusó a reconocerla y dijo: "Yo no tengo esposa". Sólo después de que ella se fue, admitió que era su mujer. Cuando se le preguntó por qué no había reconocido eso en su presencia, explicó que estaba enojado porque le pidió dinero y se lo negó. Cuando Subhadra Devi Sharma se enteró, ¡se desmayó! A pesar de la naturaleza tan personal de esta disputa, Vishwapal —el hermano mayor— dio permiso de publicarla por las evidencias que contenía. Nadie externo a la familia podía haberse enterado de ella. La antipatía que Gopal sentía por la viuda de Shaktipal coincidía por completo con la realidad, pues su matrimonio no era feliz y los problemas con su hermano menor empeoraron las cosas.

Gopal impresionó a casi toda la familia Sharma con su conocimiento de la vida y muerte de Shaktipal. Incluso pudo reconocer a Shaktipal en ciertas fotografías en que su cara estaba borrosa, porque recordaba dónde se habían tomado. Esta evidencia, al igual que muchas otras, hicieron llorar a algunos miembros de la familia. Con el tiempo, la hermana mayor de Shaktipal comenzó a llamarlo *Shakti*, y lo mismo ocurrió con Vishwapal.

Al parecer, nadie pidió su opinión al asesino.

El granjero renacido que reveló el nombre de su asesino

Una espantosa masacre en Turquía es el punto de partida de nuestro siguiente caso, y aunque en realidad no incluye encuentro entre víctima y asesino, tiene características fascinantes.

Abit Süzülmüs, próspero horticultor, recibió un llamado desde su casa de un empleado porque uno de los animales estaba enfermo. Fueron al establo y Abit, en la flor de la edad, recibió un golpe en la cabeza con un pesado martillo de herrero y murió al instante. Una de sus dos esposas, Sehide, a quien faltaba muy poco para dar a luz, fue muerta de la misma manera. Los asesinos tomaron algunas joyas de su cuerpo. Los dos hijos menores del matrimonio, Zihni e Ismet, fueron asesinados esa misma noche, cuando los asaltantes se dirigieron a casa de los Süzülmüs a robar. Los otros tres hijos eludieron a los malhechores.

Ocho meses después, el 30 de septiembre, Mehmet Altinkilic y su esposa Nebihe recibieron la bendición de un nuevo bebé en su ya numerosa familia:

tenían dieciocho hijos cuando nació Ismail. A los dieciocho meses, comenzaba a andar y hablar, mencionó su vida como Abit Süzülmüs. Esto fue al llamarlo por su nombre y negó ser Ismail. "Soy Abit", dijo a su padre, y a partir de ese momento se rehusó responder a cualquier otro nombre (aun cuando su padre lo inscribió en la escuela con su nombre original, lo cambió por Abit). "Tengo dos esposas. Una se llama Hatice y la otra Sehide." Al preguntarle si tenía hijos, Ismail respondió: "Sí, papá, sí, sí. Gülseren, Zeki y Kikmet", quienes habían sobrevivido al horrendo asesinato.

Después dijo el nombre de sus otros dos hijos y declaró que los habían asesinado. El pequeño afirmó que ciertas personas tenían deudas con él y dio los nombres de los tres involucrados, a lo que añadió, tras quejarse de la pobreza de la familia Süzülmüs, que esperaba las pagaran. De hecho, con base en los recuerdos de Ismail, dos de los deudores de Abit reconocieron su deuda con la familia Süzülmüs e Ismail dijo que Abit también debía algo de dinero.

Pero lo más extraordinario fue su descripción del asesinato. Descubrió al hombre que lo había matado

—Ramazan— y dijo cómo lo llamó desde su casa con el pretexto de examinar a un animal enfermo. También sabía que habían asesinado a una de sus esposas y a dos de sus hijos.

Como ocurre en muchos casos similares, la *otra* familia se enteró de las aseveraciones del niño, y lo visitaron movidos por la curiosidad y el deseo de poner a prueba el conocimiento de Ismail. Lo llevaron al lugar donde vivía Abit Süzülmüs e identificó cuál de las dos casas (una para cada esposa) fue la escena del crimen. Como resultado, Zeki y Kikmet, dos de los hijos sobrevivientes, a quienes corrió a saludar y besar tan pronto los vio, aceptaron que Ismail era la reencarnación de su padre. Hatice Süzülmüs, la otra esposa de Abit, con quien había sido incapaz de procrear (lo que explica su decisión de tomar una segunda esposa), también aceptó que Ismail era su esposo renacido. El investigador R. Bayer presenció la reunión entre Hatice y su esposo reencarnado. Mientras tomaba a Ismail en sus brazos, sus ojos se inundaron de lágrimas y el investigador notó que él también lloraba. En muchos sentidos, estas emociones resultaban tan convincentes como cualquier palabra. Ambos aceptaron que Abit Süzülmüs había renacido.

Entonces la historia dio un giro inesperado. Casi un año después del día en que nació Ismail, Kerim Bayri, hojalatero de Adana, y su esposa Cemile tuvieron una hija, Cevriye. Cuando tuvo un año de edad, habló de una vida anterior como Sehide Süzülmüs, la esposa joven de Abit, una de las víctimas del cuádruple asesinato. La primera palabra que intentó pronunciar parecía *azu*, y acabó por convertirse en *Ramazan mató*. También describió los hechos que condujeron al asesinato, y comentó que los asesinos tomaron su collar. Añadió que el niño que esperaba nació justo después de su muerte lo cual se confirmó, al abrir su tumba y encontrar parte del bebé fuera del útero de la difunta mujer.

Cevriye también pidió a su familia que la llamaran Sehide, pero encontró aún más resistencia que Ismail.

Al igual que en el caso de Ismail, las noticias del aparente renacimiento de Sehide como Cevriye Bayri llegaron a oídos de los Süzülmüs y Altinkilik. La familia de Abit Süzülmüs no sólo se reunió con la niña, sino que Zeki y Kikmet concluyeron que era la reencarnación de su madre. Entonces, Abit y Sehide, en los cuerpos de Ismail y Cevriye, se reunieron y hablaron acerca de su vida juntos y de sus recuerdos del último y brutal día de su encarnación anterior. Se vieron varias veces e intercambiaron regalos; Ismail incluso expresó su deseo (a los diez años de edad) de desposarla cuando crecieran. Era una idea que aún le atraía a los dieciséis años, aunque a Cevriye, de trece, no le interesaba tanto: la avergonzaba hablar sobre su vida anterior, pues consideraba falta de modestia que una soltera tan joven se jactara de tener marido.

Se arrestó a cinco personas por los crímenes. Dos salieron libres; una se encarceló; y Ramazan y Mustafa fueron condenados a morir en la horca tras un largo juicio. Todo ocurrió cuando Ismail ya hablaba sobre su vida como Abit Süzülmüs. Aunque nunca se encontró con Ramazan, cuando la familia Altinkilik escuchó la noticia de la ejecución, el chico aplaudió lleno de júbilo.

El asesino que pidió conocer a su víctima renacida

En mi opinión, el caso más extraordinario es el de Reena Gupta, quien tenía menos de dos años cuando dijo a su abuela en Nueva Delhi: "Yo tengo un *gharwala* (esposo). Mi *gharwala* era un hombre muy malo. Él me mató". Habló también sobre sus cuatro hijos y criticó la forma en que su madre cocinaba y hacía los quehaceres domésticos. Una amiga de su madre escuchó sobre una familia sikh de otra parte de Delhi cuya tragedia personal parecía corresponder con los recuerdos de Reena e inició averiguaciones. La condujeron a casa de Sardar Kishan Singh y su esposa, padres de Gurdeep Kaur, quien había sido asesinada con el hermano por su esposo el 2 de junio de 1961.

Intrigados por el relato de la mujer, los Singh visitaron a los Gupta y, al llegar a su casa, Reena estaba dormida. Al despertar y verlos, se llenó de gusto y declaró: "Ellos son mi padre y mi madre". Al día siguiente, los Singh regresaron con Swarna, su hija menor. Cuando Reena la vio, la llamó por su apodo,

Sarno. Cuando se disponían a irse y Swarna obsequió a Reena dos rupias, ella protestó: "¿Cómo puedo aceptar dinero de Sarno si es más chica que yo?" (En India, sólo se acepta dinero como regalo si quien lo recibe es más joven que quien lo da. Según Swarna, ella estaba siguiendo la costumbre. Pero Reena no la veía mayor sino como su hermana pequeña.) Tiempo después, Reena conoció a quienes eran su cuatro hijos en la vida anterior y eso la llenó de felicidad.

Pero quizá te preguntes por qué considero este caso tan extraordinario. La razón es que, cuando se le dio más amplia publicidad, una persona tenía buenas razones para estar intrigada... su ex esposo y asesino. Surjeet Singh, encarcelado de por vida tras el doble asesinato, fue liberado después de diez años por buena conducta y decidió visitar a Reena. Cuando le comunicaron sus intenciones, su primera respuesta fue: "Me volverá a matar". Pero al final accedió. En su excelente libro *The Case for Reincarnation*, Joe Fisher describe el encuentro:

> Cuando se entrevistaron en 1975, Reena tenía nueve años, y todo el buen comportamiento del mun-

do no había calmado sus miedos. Con la mayor renuencia, posó —sentada nerviosamente en un brazo de la silla de Surjeet Singh— con el hombre que, aseguraba, la había asesinado. De hecho, cuando Surjeet Singh trató de abrazarla, se apartó de inmediato.

18
Con la lengua trabada

La aventurera española

Lo que comenzó como un experimento para Laurel Dilmen se convirtió en pesadilla cuando una de sus vidas anteriores —recordada mediante hipnosis— empezó a dominar su vida.

Nacida en Chicago, esta madre de dos hijos rememoró una excitante y erótica historia de amor desarrollada en el siglo XVI, en la que fue Antonia Michaela María Ruiz de Prado. Era tan convincente como cualquier buena novela histórica y provocó que Laurel Dilmen comparara su vida actual y su existencia anterior... y prefiriera la última. Empezó a descuidar a las personas que quería, a despreciar las actividades de su vida presente por parecerle aburridas e inútiles respecto a las de su pasado. Por fortuna, se dio cuenta de que necesitaba ayuda para restablecer el equilibrio en su vida y, con ese fin, recurrió a la hipnoterapeuta Linda Tarazi.

Ambas mujeres pertenecían al grupo en el que Laurel se ofreció como voluntaria para una regresión, y Linda presenció los recuerdos de sus vidas en África tribal, Esparta, el antiguo Egipto, la España del siglo XVI y la Inglaterra del XVII. En varias sesiones, Laurel se olvidó casi por completo de sus otras vidas para enfocarse en el colorido personaje de Antonia.

Durante varios años, Linda Tarazi utilizó la hipnosis para aliviar el sufrimiento de personas con neurosis y fobias que no respondían a ningún tratamiento. Si el paciente lo deseaba, lo hacía retroceder a vidas anteriores. Sin embargo, creía que esas *personalidades anteriores* por lo regular no eran verificables y, casi con toda certeza, derivaban de fantasías del sujeto. Por lo tanto, la mejor manera de ayudar a su paciente era recopilar información acerca de Antonia, revisar su veracidad y luego demostrar a Laurel Dilmen que se trataba de una fantasía, no de hechos reales. Eso haría que se desprendiera de su fijación y su vida actual volviese a la normalidad.

No obstante, lo que comenzó como simple intento de estabilizar su mente, se convirtió en un maratón de exploración que produjo notables resultados. Linda Tarazi publicó un informe de su exhaustiva investigación en *Journal of the American Society for Psychical Research* (octubre de 1990). Este proyecto de tres años incluyó un análisis de por lo menos 36 sesiones de hipnosis formales, así como de información llegada a Laurel Dilmen en sueños e imágenes del pasado. Linda Tarazi pasó mucho tiempo en bibliotecas, consultó historiadores y otros expertos que podían proporcionar información sobre la época en que Laurel afirmaba haber vivido como Antonia. Es más, la hipnotizadora fue a España corroborar algunas declaraciones.

La historia de Antonia es demasiado larga y compleja para contarla aquí con detalle, pero es una de las más prolijas que he leído. El relato comienza con su nacimiento el 15 de noviembre de 1555 en un pequeño y aislado pueblo de La Española, de padre español y madre alemana. Se mudan primero a Alemania —ahí murió su madre— luego a Oxford, Inglaterra, y más tarde a Cuenca, España, donde esperaba reunirse con su padre, dueño de una posada. Mas, a su llegada, se enteró de que él había fallecido diez días antes. Luchó por sacar adelante la posada, pero la espiaban agentes de la Inquisición española. Fue llamada tres veces a interrogatorio y arrestada una, por lo que sufrió los rigores de un juicio de la Inquisición.

Cuando tenía 29 años, Antonia perdió su virginidad al ser violada en la cámara de torturas. Linda Tarazi escribe que fue:

> una escena salvajemente erótica que despertaba su pasión y revelaba sus tendencias masoquistas. Lo adoró [a su torturador] antes, y estaba perdidamente enamorada de él, se convirtió en su amante y le dio un hijo. Ese amor tan incondicional poco a poco cambió sus sentimientos, de una lasciva búsqueda de placer a un amor que la consumía por completo y para el que ningún sacrificio era suficiente. Ambos compartían cada facultad mental, espiritual y física en un amor profundamente espiritual y apasionadamente erótico.

La vida de Antonia tuvo un final trágico y prematuro tras peligrosas aventuras con una secta satánica, una misión a Argel, piratas en el Caribe y una visita a Lima, Perú, donde encontró un desconocido tío suyo, el inquisidor Juan Ruiz de Prado. En su viaje de regreso, se ahogó cerca de una pequeña isla caribeña y su amante casi muere por salvarla.

Suena como una versión española de *Indiana Jones* mezclada con *Historia de amor*, y quien la lea quizá piense que es una salvaje fantasía. Sin embargo, el problema para los escépticos es que el relato está repleto de nombres y hechos, la mayoría, según Linda Tarazi, Laurel Dilmen no pudo conocer o descubrir por medios normales. Después de su investigación de 36 meses, Linda Tarazi comenta: "Hasta donde he podido determinar, la totalidad de los cientos de hechos detallados que constituyen parte tan íntima de la *vida pasada* de Laurel como Antonia son verídicos".

De ellos, Linda dedica especial atención a 25 o 30 hechos específicos, más difíciles de verificar que otros:

> Los ejemplos incluyen: la fecha de la primera publicación del *Edicto de fe de la isla de La Española*;

> leyes españolas que regían expediciones a las Indias; tipos de naves usadas en el Mediterráneo y el Atlántico, así como detalles sobre ellas; fechas y contenidos de los índices españoles de libros prohibidos y sus diferencias con el índice romano; nombres de sacerdotes ejecutados en Inglaterra en 1581 y 1582, así como método de ejecución; información relacionada con un colegio en Cuenca.

Estos hechos no surgieron por mera voluntad de Antonia. Fueron respuestas a preguntas directas. Desde el principio, Linda Tarazi observa que Laurel Dilmen (o Antonia):

> Parecía poco interesada en hechos y los revelaba cuando constituían una parte esencial de la historia. Tampoco abundaba en detalles como valores monetarios, objetos, artefactos, etcétera, como los encontrados en algunos relatos de *vidas pasadas*. El hecho de que conociera tan bien esa información sólo salió a luz por medio del intensivo interrogatorio que le hacía... [y] fue obvio que probablemente sabía muchas más cosas de las que quiso mencionar voluntariamente en su narración.

Mas, el aspecto asombroso del caso de Antonia es que sólo quien sabe español y dispone de bastante tiempo para investigar los más raros libros de consulta, podría proveer toda la información que se produjo bajo hipnosis. Pero Laurel Dilmen no hablaba español. Al principio, las autoridades españolas con quienes Linda Tarazi intentó corroborar los datos, negaron dos de los hechos mencionados. ¡Pero luego se supo que ella tenía la razón y las autoridades no! Parte de la intensa investigación que la hipnotizadora realizó de este caso implicó visitar España y corroborar datos mediante los archivos episcopales.

Los investigadores sobre reencarnación consideran que los casos que incluyen *xenoglosia* o *xenoglosia responsiva*, contienen mayor cantidad de evidencias. El primer concepto significa que una persona que no habla otra lengua sea capaz de responder en esa lengua preguntas que se le hacen en esa misma lengua. El segundo es conocimiento de otra lengua sin conversar o responder a ella. El caso de Laurel Dilmen pertenece a la segunda categoría.

“Ella pronunciaba muy bien los nombres españoles”, señala Linda Tarazi:

> recitaba en latín oraciones requeridas por la Inquisición, mencionaba métodos especiales para persignarse, el *signo* y el *santiguado*, desconocidos para la mayoría de sacerdotes hispanohablantes de hoy, y compuso la letra y la música de una canción en latín, además de la música para el *Pater Noster* latino, ambos cantados en una grabación que hice. Sin embargo [Laurel Dilmen] mostró poca *responsive xenoglossy* en español o latín.

La hipnotizadora leyó libros, vio películas y entrevistó a familiares, amigos y conocidos del sujeto en los primeros 45 años de su vida en busca de pistas que le indicaran de dónde provenía su increíble conocimiento de la España del siglo XVI. No encontró nada. Recuerda que el objetivo de Linda Tarazi era demostrar la falsedad de los recuerdos de Laurel, y en eso falló por completo. Pero *fue* capaz de librarla de su obsesión por Antonia al hacerla fantasear bajo hipnosis sobre cómo esa vida pudo tener un final feliz no se hubiese ahogado.

Laurel Dilmen está convencida de que sus recuerdos son reales y alguna vez vivió la vida de Antonia Michaela María Ruiz de Prado. Antes de sacar sus propias conclusiones, Linda Tarazi consideró catorce posibles explicaciones de este recuerdo hipnótico tan notable, pero descartó la mayoría de ellas y sólo se abrió un poco a aceptar la posibilidad de dos: comunicación telepática con una entidad descarnada y un tipo peculiar de posesión espiritual. "La reencarnación", concluye ella, "es lo único que explica la personalidad, sentimientos y actitudes de Antonia, así como los misteriosos hechos históricos que mencionó de manera sencilla y razonable. Por lo tanto, tiendo a concordar con Laurel Dilmen."

Entonces, ¿es éste uno de los mejores casos de reencarnación? Quizá lo sea. Pero tiene un defecto. Aunque los demás hechos concuerdan, no aparece aún ninguna evidencia de que alguna vez vivió alguien llamado Antonia Michaela María Ruiz de Prado. Sin embargo, se han encontrado registros de todas las demás personas mencionadas en su relato, incluido su amante.

Uso de lenguas arcaicas

Existen muchos otros casos registrados que incluyen uso del lenguaje en diversos grados, y en su mayoría producidos bajo hipnosis.

Glenn Ford, quien hizo más películas que la mayoría de los actores de Hollywood, ha recordado cinco vidas bajo hipnosis, incluida una como Emile Langevin, diestro jinete de caballería del rey Luis XIV. Mientras la recordaba, el veterano actor habló en francés con soltura. En su libro *Americans Who Have Been Reincarnated,* Hemendra Nath Banerjee dice que el vocabulario francés de Ford se compone de unas cuantas frases simples, esquemáticas y pronunciadas con dificultad. Pero expertos de la Universidad de California en Los Ángeles quedaron muy impresionados cuando escucharon las grabaciones en cinta de sus sesiones de regresión. "Dijeron que Ford no sólo hablaba muy bien en francés, sino que empleaba el francés parisiense de la década de 1670."

Otro hecho notable fue que, mientras recordaba otra vida bajo hipnosis —como Charles Stewart de Elgin, Escocia—Ford ejecutó piezas de Chopin, Beethoven y Mozart en un piano de media cola, a pesar de no tocar una sola nota en estado normal.

Dorothy Rainville de Sudbury, Ontario, en Canadá, gerente de una cadena de jugueterías, descubrió que también podía hablar francés bajo hipnosis. Recordaba la vida de Alexandrine Poisson, hija de Madame de Pompadour concubina oficial de Luis XV de Francia. Según señala Banerjee: "Dorothy no sólo proporcionaba detalles íntimos sobre su vida en Francia, sino que hablaba francés, lo cual no hace en su vida actual". Cuando escuchó una grabación de su regresión, dijo: "Quedé asombrada de escucharme hablar en una combinación de francés parisiense e inglés, porque soy bastante mala para aprender idiomas y no sé francés. No podía creer lo que escuchaba". La experiencia la convenció de que ella era la reencarnación de Alexandrine.

Una ama de casa italiana llamada Maria Rossenelli no hablaba francés, mas fue capaz de recitar toda la *Súplica a la posteridad* de Jeanne de la Platiere en francés original. ¿Su explicación? Cree ser reencarnación de la autora, quien murió en la guillotina en 1793.

En Nueva Zelanda se reporta el caso de otra ama de casa llamada Melva Drummond, quien habla y canta en lengua maorí... pero del siglo XIX. Un experto en folklore maorí fue capaz de conversar con ella: "Incluso un maorí puro no podría duplicar el comportamiento que acabo de presenciar, hablar ni cantar de esa manera. ¡Eso es de hace 150 años!"

La maestra de inglés Margaret Baker parece haber sido un gitano del siglo XVIII. Durante una regresión hipnótica realizada en 1978, recordó vida y muerte de Tyzo Boswell, vendedor de caballos muerto en 1831 en la feria de Horncastle alcanzado por un rayo. Con sonidos ásperos y guturales, y palabras gitanas que desconocía —como *motto* para borracho, *mello* para muerto, y *picar galgos* para *vender caballos*—, Margaret proporcionó a su entrevistador *gorgio* (no gitano) una fascinante percepción de la vida y época de Boswell. Incluso encontró su tumba en la iglesia de Santa María en Tetford, cuya inscripción dice que fue "*matado* por un rayo [sic]" el 5 de agosto de 1831.

Recuerdos de Gandhi

A los tres meses de edad, Therese Gay pronunció su primera palabra, *aroopa*, que resultó ser sánscrito, no francés. Significa *liberado de la materia*. Un año después, la niña hija de franceses y nacida cerca de París en 1950, comenzó a hablar inglés a pesar de los esfuerzos de su madre por que hablara francés. Llamaba a su padre *daddy* y colocaba adjetivos antes del sustantivo, como en la gramática inglesa. Después de un tiempo, empezó a hablar de un tal *Bapoo* —como llamaban a Mahatma Gandhi sus amigos íntimos— y, una vez, mientras jugaba a *la tiendita*, dijo que un artículo costaba *tres rupias*. Nunca fue posible identificar quién había sido en su vida anterior, pero su madre y otras personas estaban convencidas de que estuvo vinculada con Gandhi, en India o Sudáfrica, donde vivió algunos años.

Uso de lenguas olvidadas

La esposa de un ministro metodista de Gretna, Virginia, habla en alemán mientras recuerda bajo hipnosis una vida anterior en que se llamaba Gretchen. Esa vida salió a l luz en 1970, luego de que el reverendo Carroll E. Jay, hipnotizador y pastor en la Iglesia Metodista Memorial United, escuchó que Dolores, su esposa, hablaba dormida, algo que nunca había hecho en sus 30 años de matrimonio. Intrigado por lo que oyó, y seguro de que no se trataba de un sueño, le indujo regresiones en las que apareció Gretchen y habló en alemán. Los expertos que escucharon las grabaciones estaban convencidos de que lo que hablaba *era* alemán, pero para pronunciarlo bajo hipnosis, debió aprender el idioma o estar expuesta a él en algún momento de su vida. Ella lo negó.

Éste caso es uno de dos que presenta el profesor Ian Stevenson en su libro *Unlearned Language: New Studies in Xenoglossy.* Dicho libro, secuela de su obra anterior, *Xenoglossy*, narra las experiencias de TE, ama de casa de Filadelfia hipnotizada por su esposo, un médico (ambos desearon permanecer anónimos). Durante su regresión, se transformó en una personalidad masculina que decía apellidarse Jensen, y hablaba y entendía el sueco con claridad. Según Stevenson: "Esta personalidad no sólo recitaba frases sin sentido: tenía un intercambio de frases significativas con personas de habla sueca".

Esto no convence a Sarah Grey Thomason de la Universidad de Pittsburgh. En un artículo que publicó en *American Speech* (invierno de 1984), revista trimestral sobre el uso de la lengua, plantea la pregunta: "¿Acaso recuerdas la lengua de tu vida anterior en tu encarnación actual?" Tras dar algunos ejemplos de xenoglosia aparente y encontrarlos deficientes, vuelve su atención al primer libro del profesor Stevenson y explica: "Los sujetos de hipnosis cuya habla estudié producían una jerga fluida que parece compartir varios rasgos lingüísticos con el *sueco* de TE y las expresiones de quienes hablan en lenguas antiguas en escenarios religiosos". Y concluye: "... la evidencia disponible no apoya la afirmación de que alguien habla una lengua humana sin antes haber estado expuesto a ella de manera sistemática en su vida actual".

Me pregunto qué pensará Sarah Grey Thomason del segundo y muy inusual caso que aparece en el segundo libro del profesor Stevenson sobre el tema.

Cambio de personalidad y de lengua

Los padres de Uttara Huddar, mujer soltera de 32 años que vivía en Maharashtra, estado de Nagpur en la zona centro oeste de India, quedaron anonadados un día de 1974 en que su hija empezó a hablar en una lengua que no reconocieron. Su personalidad también había cambiado y se hacía llamar Sharada. Esto causó consternación en su aldea, y a la familia le resultó difícil comunicarse con ella hasta que se percataron de que al parecer hablaba en bengalí. Lo confirmaron hablantes de esta lengua a quienes llevaron ante la mujer.

La doctora Satwant Pasricha y el profesor Ian Stevenson empezaron a investigar el caso en junio de 1975 y consideraron de vital importancia establecer que Uttara Huddar no hubiese aprendido bengalí ni estado expuesta a dicha lengua de manera normal. Luego, tras revisar su historia académica, descubrieron que cursó algunas cuantas lecciones de *escritura* bengalí cuando estudió sánscrito, pero sólo aprendió lo suficiente para leer pocas palabras, no oraciones completas y, por supuesto, tampoco conversar de manera fluida en esa lengua. De hecho, se enteraron de que incluso su maestro tampoco podía hablar en esa lengua. Algunos críticos creen que esto anula la credibilidad del caso.

Lo que hace este caso tan desconcertante es que, mientras la mayoría de las personas que dicen tener memorias de otras vidas son niños, cuyos recuerdos son limitados y pronto olvidan su encarnación anterior, Uttara Huddar era mujer adulta que *se transformó* en otra. Pero la entrada en escena de Sharada no era permanente, pues como en el caso de Sumitra Singh en Sri Lanka (capítulo once) aparecía por periodos que variaban entre un día y seis semanas. A veces era Uttara Haddar cuando se iba a dormir y despertaba como Sharada. En ocasiones, experimentaba una sensación de hormigueo en la cabeza y al poco tiempo aparecía Sharada.

La personalidad de lengua bengalí desconocía por completo herramientas, instrumentos y aparatos desarrollados después de la Revolución Industrial, y al principio no participó en labores hogareñas en casa de Uttara Huddar. Hizo un relato detallado de su vida, reveló el nombre de sus padres y de una tía materna, e informó que se había casado a los siete años de edad. Según dijo, murió a los 22 años por una mordedura de serpiente en un pie mientras cortaba flores. Toda la evidencia, incluidas las palabras en bengalí, señalaban que Sharada había vivido entre 1810 y 1830, y los investigadores lograron encontrar una familia con ese nombre, cuyos miembros tenían el mismo parentesco con ella que el descrito. No tenía idea de dónde había estado desde su muerte.

Tras la primera aparición de Sharada en 1974, ella y Uttara Huddar compartieron el mismo cuerpo, pero como cada personalidad toma el control total cuando aparece, desconoce la existencia de la otra. No obstante, hay indicios de que tal vez ambas personalidades acaben por mezclarse.

Sin lugar a dudas, el caso de Uttara Huddar es importante, pues plantea algunas preguntas. ¿Acaso Sharada sólo es un caso de personalidad múltiple, un aspecto de la mente de Uttara Huddar? Esto parece improbable por su capacidad de hablar bengalí y deja sólo otras dos posibilidades: que Sharada sea el recuerdo de una vida pasada de Uttara Huddar, quien *toma el control* de su cuerpo; o un espíritu de lengua bengalí que se posesiona de Uttara Huddar en ciertos momentos.

Cualquiera que sea la respuesta, las evidencias sugieren que la única explicación satisfactoria de este y otros casos (en que los recuerdos de sucesos y el idioma parecen sobreviviro a la destrucción física del cuerpo) es alguna forma de vida después de la muerte.

19
Exploraciones en el pasado

La ciudad antigua

Durante casi toda su vida, el capitán Arthur Flowerdrew se sintió atormentado por imágenes fugaces del pasado y pensamientos acerca de una vida anterior. De niño, tuvo visiones de un edificio sostenido por columnas, construido con piedra negra y rosada. Estas impresiones llegaban a su mente cuando levantaba una piedra de color similar en el jardín o veía un edificio con columnas parecidas. Confundido por estas experiencias, el pequeño Arthur habló de ellas con su padre, pues pensaba que tal vez un día lo llevaron a ver una construcción así. Pero creyendo que el chico hablaba puras fantasías, lo ignoró: "No quiero volver a oír otra palabra al respecto".

Aunque incapaz de suprimir sus recuerdos de la ciudad antigua, Arthur Flowerdrew obedeció a su padre y sólo habló de ello mucho tiempo después, cuando los relató a su esposa y otras dos personas. Entonces se había convertido en ingeniero. Unido al ejército, permaneció en Inglaterra durante todo su servicio militar, se casó y tuvo hijos. Después se convirtió en director de un taller mecánico en Norfolk, Inglaterra.

Cuando vio un documental de televisión sobre Jordania, identificó el lugar de su vida anterior. "¡Mira!" dijo a su esposa, quien estaba en otra habitación, "es mi ciudad. En verdad existe y se llama Petra", mientras la pantalla se llenaba de imágenes de la ciudad rosada. Aunque hoy está en ruinas, Petra fue invencible en la época en que la recordaba, pues sólo existía un acceso a ella: la Siq, estrecho precipicio rodeado por acantilados de 30 metros de alto.

El capitán Flowerdew estaba seguro de haber sido un soldado árabe de oscura piel que vestía túnicas holgadas y una manta sostenida por una cuerda en la cabeza, y una lanza de madera con punta de bronce. Su trabajo era proteger la ciudad y mandaba a diez soldados. En aquellos días de servicio activo como capitán, él y sus hombres cabalgaban por el desierto y despojaban a incautos beduinos de sus posesiones, las cuales solían ser grandes tesoros. Según recuerda, asesinaban de inmediato a quienes oponían resistencia. Petra era habitada por la tribu árabe de los nabateos, y su posición estratégica les permitía volverse ricos y poderosos al controlar las rutas comerciales de Oriente y Arabia, y comerciar con especias, seda y esclavos. Eso terminó cuando los romanos establecieron nuevas rutas comerciales y tomaron el control de la ciudad en 106 D.C.

Un día, cuando invasores trataron de entrar a la ciudad por el Siq, el capitán y su contingente se prepararon para emboscarlos. El sol cegó a los intrusos, y los soldados tuvieron pocos problemas para someterlos y matarlos a medida que llegaban por aquel pasaje de tres metros de ancho. "Sin embargo", recuerda el capitán Flowerdew, "uno llegó hasta mí, y con su lanza me asestó mortal herida en el pecho. Recuerdo bien la estocada, y un terrible dolor en la espalda. Luego, nada".

Hasta que vio aquel documental televisivo, el capitán Flowerdew pensó en las imágenes y escenas mentales que tanto lo inquietaban como recuerdos de una vida anterior. Si en verdad había vivido en Petra hacía casi 2000 años, entonces podía poner a prueba sus recuerdos. Anglia TV, televisora del este de Inglaterra, decidió hacerlo, de modo que el capitán, acompañado por el productor de la BBC Douglas Salmon, un equipo de camarógrafos y el eminente arqueólogo Iain Browning, volaron a Amman y llegaron a Petra en agosto de 1978. El resultado fue un fascinante documental de media hora.

La primera prueba fue ver si el capitán Flowerdew encontraba el Siq en aquella zona, cuyo perímetro tiene 48 kilómetros. "Eso será fácil", respondió el hombre que nunca había salido de Inglaterra. "Si nos dirigimos hacia el este del área rocosa, a unos 288 kilómetros de Amman, bien entrados en el desierto, debemos buscar una gran roca que parece un volcán sin punta. Petra se encuentra justo detrás." Y así fue. Al seguir esas instrucciones, volvió a encontrarse frente a la imponente ciudad de roca. También describió unos escalones que no parecían conducir a ningún lado. Según recordaba, habían formado parte de un importante templo, probablemente destruido por un terremoto en 363 D.C.

Algo en las ruinas de Petra (hileras de hornillas sobrepuestas que creaban una apariencia de panal en una de las paredes) intrigó a los arqueólogos mucho tiempo. Cuando se le preguntó por ello, respondió de inmediato: "Oh, yo tengo la respuesta", y caminó hacia una pequeña colina y un borde de roca que ocultaban la estructura: "Aquí era la oficina de asignaciones de los militares". Según decía, los agujeros se habían dispuesto en tres secciones perpendiculares que representaban las asignaciones de *Servicio en la ciudad, Descans*, y *Servicio fuera de la ciudad.* "Cada uno de los 60 o 70 oficiales tenía una tablilla de piedra con diferente forma, la cual se colocaba en el hoyo adecuado. De esa manera, el oficial al mando sabría dónde encontrar a cualquier oficial si lo deseaba."

Sin embargo, le desconcertaba la presencia de un magnífico anfiteatro. "No lo recuerdo en absoluto", decía, mientras la cámara grababa sus comentarios. "No lo hizo tu gente", le dijo alguien de la televisora. "Lo construyeron los romanos después de tu muerte."

Los arqueólogos aún se interesan en esa ciudad tan hermosa y antigua, y quizá con el tiempo descubran evidencias de las minas de estaño y plomo que el capitán Flowerdew asegura que se explotaban cuando vivíó ahí.

Después de todo, no sería insensato sugerir que, si la reencarnación es un hecho, los recuerdos de vidas anteriores podrían proporcionarnos importantes percepciones acerca de nuestra historia.

Reliquias de la guerra civil inglesa

Hace poco, otra empresa televisora envió a Escocia un equipo de filmaciones con Peter Hulme, quien cree que fue soldado de Cromwell en una vida anterior e hizo algunos descubrimientos sorprendentes. Bajo hipnosis, describió la vida de John Rafael y, junto con sus hermanos Bob y Carl, fue capaz de verificar mucho de lo que ha recordado, además de mantenerme informado del desarrollo de su búsqueda. Por ejemplo, me proporcionó un relato gráfico de una batalla de la guerra civil inglesa librada alrededor de un castillo a orillas del lago Martenham, a pesar de no haber registros locales de tal conflicto. Sin embargo, un mapa del siglo XIX muestra un *lago Martin* y un *castillo Martin* justo donde sus recuerdos decían que estaban; aunque los habitantes desconocían esto por completo, el equipo de Hulme encontró un castillo en ruinas enterrado bajo la maleza.

Central TV decidió extender sus investigaciones y filmó a los hermanos Hulme de regreso en Escocia en un intento por demostrar que sí hubo tal batalla. Filmaron a Peter Hulme mientras exploraba bajo hipnosis sus recuerdos de la época de Cromwell, y visitaba el sitio; esto se transmitió como parte de un *Especial de los martes* sobre reencarnación:

"Atacamos ese fuerte a finales de 1649", dijo. "Escuché un disparo de cañón y luego se oyeron muchos gritos. Para escapar, algunos soldados cruzaron la calzada elevada. Había personas que abrían fuego desde el fuerte..."

Luego se mostró a un grupo de personas con detectores de metales explotando las aguas poco profundas del lago, mientras su vocero Scott Sibbald explicaba: "Todas estas señales son muy fuertes y [los objetos que hemos detectado] podrían ser de un tamaño considerable. Se encuentran cuatro pies bajo el agua y, dado el equipo que tenemos, es imposible recuperarlos.

¿Qué son esos objetos? "Resulta claro que no son carritos de supermercado", responde riendo Bob Hulmes, "así que es muy probable que sean reliquias de una batalla de la guerra civil". Él y sus hermanos esperan regresar a Escocia y rescatar algunos objetos con ayuda de otras personas.

Pero, regresando al programa de Central TV, las personas con detectores de metales tuvieron mejor suerte cuando se les pidió explorar una hondonada seca en Escocia donde Peter Hulme recuerda con claridad que había un campamento militar para 500 hombres. En efecto, a pesar de no haber registros que indiquen que tal lugar se usó alguna vez para ese propósito, los investigadores recuperaron, en palabras del comentarista del programa: "un arsenal incluía balas de mosquete y reliquias típicas de un campamento de la guerra civil. ¿Quién podría explicar cómo llegó todo eso ahí... además de Peter?" Los hermanos Hulme continúan su investigación de este caso y encuentran nueva información en su intento de encontrar la tumba de John Rafael y demostrar que alguna vez fue un *roundhead* (miembro del partido parlamentario inglés), como sostiene Peter Hulmes.

Peinetas del antiguo Egipto

Retrocediendo más aún en el tiempo, Joan Grant describió la vida diaria de los antiguos egipcios de manera tan increíble y realista que sus novelas cautivaron de inmediato al público. Tras el éxito de su primer libro *Winged Pharaoh*, la escritora inglesa declaró que sus obras no eran ficción: se basaban en lo que ella llamaba *memoria lejana*. Además de psíquica, tenía la capacidad de *sintonizarse* con lo que consideraba sus encarnaciones pasadas. Comenzó a dictar la trama de *Winged Pharaoh* a su esposo Leslie en 1936, luego de tomar un amuleto azul turquesa con forma de escarabajo que el hermano de un amigo suyo trajo de Egipto. Esto provocó que, en el plano inconsciente, *cambiara de nivel* y escuchara las palabras de *Sekeeta*, las cuales dictó a Leslie. Realizaron 200 sesiones antes de concluir el libro.

"Lo curioso es que no surgió en orden cronológico", declaró. "Pero cuando extendimos en el piso las hojas en que estaba escrita, descubrimos que su secuencia embonaba a la perfección y no necesitaba corregirse."

Se trataba de la historia de Sekeeta, hija del faraón Za Atet. Ella fue sacerdotisa-emperatriz hace 3000 años y gobernó Egipto con su hermano. Según Joan Grant, esto ocurrió en la época de la primera dinastía egipcia. Leslie Grant, quien estudió derecho pero se convirtió en arqueólogo, estaba seguro de que su esposa había equivocado la época, pues parecía demasiado lejana. En su opinión, se trataba de la decimoquinta dinastía, y se basaba en las referencias que ella hacía de caballos, plata y otros objetos cotidianos que él y otros suponían que no existieron en el Egipto de la primera dinastía. Él creía que los invasores descritos por ella eran hicsos y no zumas, y le desconcertaba que no hubiese hecho referencia alguna a las pirámides.

Pero, según afirma Jean Overton Fuller en su artículo "Joan Grant: Winged Pharaoh" (uno de los Theosophical History Ocassional Papers, vol. II), Joan Grant estaba en lo correcto. *Sí había* caballos en aquella época: los egipcios los tomaron de los zumas. También plata. Y era correcta su ausencia de referencias a las pirámides, pues se construyeron durante la tercera dinastía.

En su libro, Joan Grant —como Sekeeta— describe las peinetas de marfil que usaba en el templo:

> labrado con mi sello como un faraón alado, el halcón de los iniciados se posa en el barco triunfal, sobre las alas de un Alado; luego, bajo esto, está Zat, mi nombre de Horus, escrito como una serpiente, junto a la llave de la vida y flanqueada por dos cetros de poder, ejercido sobre la Tierra y lejos de la Tierra.

Jean Overton Fuller quedó asombrada cuando, al consultar el libro *Archaic Egypt,* de Walter B. Emery, encontró un dibujo lineal que encajaba perfectamente con esta descripción. ¿Acaso Joan Grant lo copió? Es poco probable: su libro apareció 24 años antes.

Debo agregar que *Winged Pharaoh* es sólo uno de los libros de *memoria lejana* que escribió Joan Grant, los cuales describen pocas de las 40 vidas anteriores que decía recordar, muchas terminadas en forma violenta o trágica. Incluyen otra vida egipcia 1000 años después de la de Sekeeta: trovador italiano del siglo XVI; prostituta de las calles de Francia; bruja quemada viva; chica amerindia; corredora griega, y mujer inglesa llamada Lavinia, quien murió joven después de tres años de parálisis por caer de un caballo.

Durante estas vidas, murió en la guillotina una vez, se suicidó dos, murió con una lanza clavada en el ojo durante una justa, se desangró fatalmente tras ordenar a su médico de la corte romana que cortara sus muñecas, y también murió dos veces por mordedura de serpiente.

El soldado confederado devela su pasado

A veces, el recuerdo de una vida anterior produce evidencias físicas más que académicas. En su asombroso relato de reencarnación colectiva llamado *Mission to Millboro* (ver capítulo 7), la doctora Marge Rieder proporciona a los lectores evidencias tangibles que sustentan un concepto de otra manera difícil de aceptar.

Un investigador privado llamado Joe Nazarowski era uno de los 50 residentes de Lake Elsinore a quienes Maureen Williamson, su sujeto principal, identificó como quienes vivían con ella en Millboro en una vida anterior, cuando era Becky. Al igual que otros residentes, Joe accedió a que lo hipnotizaran y su historia confirmó lo que ella había dicho. En su caso, recordaba haber sido Charley, soldado confederado a quien se envió a Millboro como agente secreto para destruir un túnel de ferrocarril. Es más, regresó a Millboro en esta vida, encontró el túnel e incluso señaló los agujeros que cavó en 1864 con la intención de colocar dinamita en ellos. Otro hombre, Pat Greene, dijo que en una de las casas vistas en una fotografía había un escotillón sobre un cuarto escondido. La doctora Rieder investigó y descubrió que tenía razón. Cree que en Millboro hay más evidencias por desenterrar e intento recavar fondos para lograrlo.

Escrituras encontradas después de 400 años

El doctor Hugh Pincott, antiguo secretario honorario de la Society for Psychical Research y miembro de su comité de hipnosis, ha revelado un notable hallazgo que siguió a una sesión de regresión en la cual participó. En una conferencia impartida en dicha asociación, dijo: "Un sorprendente ejemplo es el de una niña que, al haber retrocedido aparentemente 400 años, describió una casa donde una de las habitaciones fue transformada en vieja capilla". Él y uno de sus colegas encontraron la casa en Hampshire y descubrieron que su dueño actual sabía que su invernadero alguna vez fue capilla. El doctor Pincott continuó:

> Lo que él desconocía y nosotros le señalamos, era la existencia de una alacena oculta tras un entrepaño. Sabíamos cómo podía abrirse y lo hicimos en presencia del dueño. Adentro estaban las escrituras de la casa sobre las cuales habló la niña en una grabación, habiendo permanecido ahí durante casi 400 años.

La australiana y el edificio escocés

El hipnotizador Peter Ramster realizó un fascinante experimento con cuatro amas de casa de Sidney, el cual se filmó y transmitió por televisión en Australia y todo el mundo. Cada una recordó una vida pasada en otra parte del mundo, a donde se le llevó para registrar sus sentimientos y verificar hechos. Aunque todos los casos eran impresionantes, el de Helen Pickering mereció mención especial.

Recordó haber vivido en Aberdeen, Escocia, como James Archibald Burns, nacido en Dunbar en 1807. Helen pudo dibujar el Marshall College of Medicine de Aberdeen como fue cuando vivió Burns. Aunque el lugar ha sufrido modificaciones, el equipo de televisión localizó a la única persona que podía confirmar su apariencia original: el historiador regional David Gordon, quien reunió todos los planos y dibujos del edificio en sus primeros años. Pudo confirmar la precisión del dibujo de la australiana, el cual mostraba escaleras y corredores que ya no existen. Según señala el historiador, la manera en que obtuvo su conocimiento histórico era *inexplicable*. Una visita a la biblioteca del condado de Blairgowrie, donde Burns fue médico reconocido, confirmó los demás detalles de los recuerdos que Helen Pickering tuvo en su regresión.

La chica que murió en el Titanic

Podría pensarse que, después de todo lo escrito sobre el hundimiento del Titanic, sería imposible aportar más pistas acerca de esa tragedia marítima. Sin embargo, la escritora Monica O'Hara-Keeton cree tener algunas. En su libro *I Died on the Titanic*, recuerda su vida como Lucie Latymer, joven hija de un barón. Usando identidades falsas, huyó con su novio en el trasatlántico para iniciar una nueva vida. Quizá su fascinante historia no enriquezca nuestro conocimiento acerca del desastre, pero es un fascinante relato detectivesco en que la autora nos conduce mediante distintas etapas de su investigación, reconstruye hechos y encuentra un giro inesperado al final. Resulta curioso saber que Monica O'Hara-Keeton no siente la menor simpatía por la chica malcriada que fue en su vida anterior.

Lo que da a esta historia un interés particular es que el hipnotizador que dirigió las sesiones fue su esposo Joe Keeton, tal vez sea la persona que ha realizado más regresiones en todo Reino Unido. Ha hecho retroceder en el tiempo a varios miles de personas, y algunas evidencias se han documentado en el libro *Encounters with the Past,* escrito en colaboración con Peter Moss. Aunque Keeton cree que la explicación más acertada de los recuerdos de vidas anteriores es la memoria heredada, su esposa está convencida de que lo que explica su experiencia del *Titanic* es la reencarnación.

El dinero escondido

Djebel el Alla, chico druso que recordaba haber vivido como hombre rico en Damasco, pudo llevar a sus asombrados familiares a la casa en que decía vivió durante aquella existencia. Tenía sólo cinco años. Afirmaba que la mujer encontrada en la casa era su esposa y proporcionó muchas otras evidencias, todas comprobadas.

Luego, reveló que escondió una suma precisa de dinero en el sótano. Llevó a los testigos ahí, encontró el dinero y contó la cantidad exacta.

El tesoro enterrado

Pasé un par de días en Gales investigando un hoyo que parecía extenderse sin fin, mientras un estadounidense guiaba a los cavadores hacia donde él creía que estaba un tesoro enterrado en el siglo XVIII. Jim Bethe, numismático de Arizona, recordó bajo hipnosis la vida de Jonathan Seaman, soldado británico casado con una mujer llamada Mary Merten. Cuando estuvo de servicio en India, adquirió un pequeño cofre con joyas que trajo a Inglaterra y escondió en Gales, el cual ha decidido recuperar en esta vida.

Jim y su esposa Stella ya habían ido a Gales y él identificó el lugar, cuando alguien de una compañía televisora inglesa leyó un relato acerca de él en la *Reincarnation International Magazine*, y decidió invitarlo a regresar al Reino Unido para ayudarlo a cavar en busca del tesoro. Recomendé al hipnotizador escocés Tom Barlow para hacer una regresión con Jim Bethe frente a las cámaras; así captarían parte de los recuerdos de su vida anterior, y Tom pronto logró que dijera qué había hecho con su tesoro:

> Lo llevo a Gales, donde tengo un escondite. Cruzo el pasto hasta la pendiente cerca del bosque. Ahí hay un corral y otras construcciones... Tomo mi cofrecito con joyas y la caja de hierro que me heredó mi abuelo. Aquí hay tres cajas con el tesoro... Se encuentra en un lugar en el que entra muy poca gente. Está en la pocilga. Abro una de las puertas dobles, entro y bajo por la cueva.

Tanto Jim Bethe como la rastreadora Elizabeth Sullivan señalaron, por separado, un grupo de árboles en una campiña galesa. Ambos estaban convencidos de que ahí estaba el tesoro. No parecía el sitio correcto, pues no había indicaciones de que ese punto del bosque haya sido alguna vez otra cosa que campo. Y comenzó la excavación. Me gustaría informar que Jim Bethe encontró su tesoro, pero no fue así. Sin embargo, lo que nos tomó a todos por sorpresa fue la sólida loza de concreto que hallamos a un metro bajo la superficie, que impidió que avanzara la primera excavación. A los pocos días regresamos y conseguimos atravesarla, sólo para descubrir, además de agua, un arco y una pared de ladrillo enterrados a demasiada profundidad para seguir excavando. Al parecer, encontramos su pocilga pero no su tesoro.

¿Están las cajas de John Seaman enterradas en la ladera de una colina galesa o alguien las encontró durante los tres siglos transcurridos desde que las escondió? Jim Bethe me dice que está decidido a llegar al fondo del misterio... y yo he prometido mantener en secreto la ubicación precisa de ese húmedo hoyo galés.

20 Marcados de por vida

El niño que nació con heridas de bala

Las extrañas marcas que Titu Singh presentaba en la cabeza cuando nació desconcertaron a sus padres. Las olvidaron tan pronto le creció su negro cabello y las ocultó de la vista. Pero Titu no las pudo olvidar pues habían sido causa de su muerte en una encarnación anterior. Eran heridas de bala.

No constituían la única evidencia de que había reencarnado. Titu tenía recuerdos muy claros de esa vida anterior, cuando fue un hombre llamado Suresh Verma, dueño de una tienda de aparatos electrónicos en Agra, con una esposa llamada Uma y dos hijos, Ronu y Sonu. Desde que tenía dos años y medio, hablaba sobre su *otra familia* y describía con lujo de detalles cómo lo habían asesinado, incinerado su cuerpo y esparcido sus cenizas en el río.

"Al principio no lo tomábamos en serio", dice su padre, "pero él se comportaba como si no formara parte de esta familia. Titu es un niño bastante normal, pero a veces dice y hace cosas que sólo hacen los adultos."

Al final, la familia decidió poner a prueba sus afirmaciones y su hermano mayor viajó trece kilómetros desde la aldea de Baad a la bulliciosa ciudad de Agra en el norte de India, famosa en todo el mundo por alojar la gigantesca tumba de mármol llamada Taj Mahal. No tardó mucho en encontrar una tienda de aparatos electrónicos llamada Suresh Radio, y al entrar descubrió que la mujer que lo manejaba se llamaba Uma: era la viuda de Suresh, a quien habían asesinado justo como Titu lo describió.

La noticia de que al parecer su difunto esposo había renacido causó cierto sobresalto a la mujer y la llenó de recuerdos de aquel día cuando, según dice: "Escuché un ruido y salí pensando que el auto de Suresh había petardeado. No salió del auto. Cuando abrí la puerta, su cuerpo cayó sobre mí... y lancé un grito".

Pero la posibilidad de que ahora él estuviese viviendo en otro cuerpo era difícil de entender. "Me sentí muy rara", recuerda ella, "y no sabía qué hacer. Lo conté a mis suegros y decidimos visitar a esa familia la mañana siguiente".

Titu Singh se estaba lavando en el grifo cuando, sin anunciarse, llegaron Uma y los padres de Suresh Verma. De inmediato gritó que su *otra familia* había llegado. Tras sentarse en la galería, Titu preguntó a Uma si lo reconocía. Ella le dijo que no. Entonces le preguntó por los niños y si acaso recordaba una salida familiar a una feria en una ciudad vecina, donde él le había comprado dulces. Esta revelación la dejó pasmada.

Tiempo después, llevaron a Titu a Agra para visitar la tienda que fue suya en su vida anterior, pero aun entonces su hermano mayor puso a prueba su conocimiento. Consiguió que los hijos de algunos vecinos jugaran con los de Suresh Verma cuando llegara la familia Singh. Eso no fue problema: Titu reconoció a Ronu y Sonu de inmediato entre los niños del grupo. Luego entró a la tienda y señaló los cambios hechos desde su muerte.

La historia de Titu Singh fue el tema de un excelente capítulo de la serie documental *Forty Minutes* de la BBC, y se transmitió en el Reino Unido en marzo de 1990. En él se entrevistó a los protagonistas, incluido el propio niño de seis años, y se emplearon subtítulos para traducir al inglés lo que decían.

Su madre, quien tenía otros cinco hijos, todos mayores que Titu, declaró que no le molestaba que él hablara de sus *otros* padres, pues ella los consideraba como parte de la misma familia:

> A veces se siente triste, dice que extraña a su familia y siente deseos de regresar a Agra. ¡Una vez se puso tan insistente que empacó sus cosas y amenazó con irse! Aun ahora sentimos que Titu no considera suya esta casa. Insiste que no estará con nosotros por mucho tiempo.

Al revelar que el chico a menudo insiste en que lo lleven a su *otra casa*, el padre de Titu señaló: "Temo que conforme Titu crezca rompa todo lazo con nosotros. Lo amamos mucho pero, a pesar de ser personas educadas, somos incapaces de entender su historia".

La viuda de Suresh Verma no tiene dudas sobre lo ocurrido. “Creo que Titu es mi difunto esposo Suresh”, dijo al equipo de televisión. “Pero él vive a varias millas de aquí. Espero que nos sigamos viendo, pero aparte de eso, ¿qué puedo hacer?”

Los padres del hombre asesinado también estaban impresionados con lo que habían visto y escuchado. El padre de Suresh dijo:

> Estoy casi seguro de que Titu es mi difunto hijo Suresh. Se nos cuelga con afecto. Una vez en la calle encontró a su antigua nodriza. Ella pensó que Titu era uno de los hijos de Uma. Titu se molestó con ella y le dijo: “¿Acaso no sabes quién soy?” Nosotros nos hablamos como padre e hijo. Sin embargo, no promuevo demasiado esto, pues molesta a sus verdaderos padres.

En cuanto a Titu, él recuerda vívidamente su asesinato: “Yo regresaba a casa del trabajo. Él vino corriendo desde la esquina”.

¿Quién vino corriendo? ¿Lo capturaron? ¿Lo sentenciaron por su crimen? El documental de televisión no respondió estas preguntas, quizá por razones legales, pero lo compensó proporcionando evidencias sobre las marcas de nacimiento a las que Titu y su familia consideran heridas de bala que sufrió Suresh Verma. Con tijeras de barbero cortaron su pelo y revelaron las dos extrañas marcas, justo en los lugares mostrados en el informe de la autopsia de Suresh Verma, causadas por una bala en la sien derecha: la herida de entrada siempre es más pequeña que la de salida, pues la bala sale del cuerpo a una velocidad menor y eso provoca más daño. Las marcas en la cabeza de Titu corresponden incluso en tamaño con las de Suresh Verma.

Coincidencia o prueba de reencarnación

Si el caso de Titu fuese el único de ese tipo, podría atribuirse a la casualidad. Pero no lo es. De hecho, un gran número de casos de reencarnación muestran características físicas que reflejan un aspecto de la vida anterior, a menudo un incidente violento o, con más frecuencia, la causa de la muerte. Hay tantos casos, que el profesor Ian Stevenson trabaja en una obra en dos volúmenes de los mejores ejemplos, la cual está programada para publicarse en 1997. La mayoría de los investigadores la consideran la contribución más importante hecha hasta ahora en el debate de la reencarnación. Nos dio una muestra de lo que publicará, junto con algunas observaciones preliminares, en una gaceta científica, *Journal of the Society for Scientific Exploration.*

Después de señalar que se desconocen las causas de la mayoría de los defectos o marcas —lunares o manchas— congénitos, Stevenson revela que uno de cada tres niños que dicen recordar vidas pasadas, también presentan defectos o marcas de nacimiento que ellos mismos, o los informantes adultos, atribuyen a heridas de la persona cuya vida recuerdan. De 895 estudios de casos sometidos a escrutinio (aunque desde entonces ha investigado muchos más), en 309 marcas o deformidades coincidían con las heridas, que por lo regular fueron fatales. Él y sus colegas han investigado 210 de esos casos y podrán incluirlos en el libro mencionado. Casualmente, los defectos congénitos son poco comunes.

Al hacer su evaluación, buscó una correspondencia de diez centímetros cuadrados o menos entre la herida y la marca o defecto de nacimiento. "De hecho, muchas marcas congénitas y heridas se acercaban más de eso a la misma ubicación", declaró. "En 43 de 49 casos con documentos médicos (por lo regular informes de la autopsia), éstos confirmaban la correspondencia entre heridas y marcas congénitas (o defectos de nacimiento)." Es una concordancia del 88 por ciento.

Más aún, los estudios del profesor Stevenson muestran que el caso de Titu Singh no es único. En nueve de catorce casos de muerte por herida de bala, descubrió que las marcas de nacimiento mostradas coincidían con exactitud en tamaño y ubicación con las heridas de entrada y salida en el cuerpo. Uno de los casos estudiados por el profesor Stevenson es muy similar al de Titu Singh y narra la historia de un niño tailandés que recuerda la vida de un hombre a quien dispararon en la cabeza desde atrás. Establece que la probabilidad de que dos marcas congénitas se correspondan con dos heridas es de una en cada 25 600.

Deformidades raras

No todas las marcas de nacimiento resultan de malas acciones. Una chica de Myanmar que recordaba haber sido su propia tía, nació con una marca vertical hipopigmentada cercana a la línea media entre la sección baja de su pecho y la alta de su abdomen. Coincidía con la incisión que se le hizo a su tía durante una cirugía para corregir una enfermedad congénita del corazón de la cual murió.

Otro caso involucra a un niño turco que nació con una oreja encogida y malformada, y un desarrollo incompleto del lado derecho de la cara. Además, el chico recordaba haber sido un hombre a quien dispararon a quemarropa y murió seis días después por las heridas cerebrales en el lado derecho de su cráneo. La confirmación de lo que decía el chico se obtuvo en el registro del hospital.

Uno de los primeros casos investigados de reencarnación, ocurrido a principios del siglo XX, narra la historia de un niño llamado Sikh Lal que vivía en Rishalpure, India, y nació sin dedos en la mano derecha. Cuando aprendió a hablar, dijo a sus padres que fue un hombre llamado Kashi Ram, atacado por su enemigo Chottey Lal, quien cortó sus dedos y le disparó en el pecho en 1908. Se dice que el presunto asesino supo del renacimiento de su víctima y visitó al chico, quien lo reconoció entre una multitud y lo acusó de ser su enemigo y asesino.

En épocas más recientes, un niño hindú que nació casi sin dedos en una mano recordaba la vida de otro niño que recargó su mano derecha en las navajas de una máquina para cortar forraje y perdió sus dedos. Esta deformidad congénita —braquidactilia unilateral— es demasiado rara.

Esto me recuerda el caso de Ranvir Singh, publicado en la *Reincarnation International Magazine* en 1994. Cuando entrevisté al investigador Gaj Raj Singh Gaur durante una visita a Delhi, me mostró la fotografía de un niño de tres años nacido en la aldea de Basayi, distrito de Etah, India, sin mano ni antebrazo derechos. El pequeño recordaba que vivió como Idrish Ali, sirviente de Shafi Alam Namberdar, terrateniente de Garka, en el mismo distrito. Idrish se amputó la mano en un accidente con una máquina para cortar forraje. Lo sorprendente es que el accidente ocurrió 25 años antes de la muerte de Idrish Ali. Además de la mano faltante, Ranvir Singh tenía una marca de nacimiento en la parte superior de las nalgas, la cual, según se dice, coincide con una herida de bala que sufrió en su vida anterior cuando la policía le disparó por accidente mientras cazaba en la selva.

Otra víctima de asesinato que regresó con heridas de bala

Entre los 100 o más casos de renacimiento investigados por Gaj Raj Gaur está el de Gulson Kumar Sakena, quien nació en Vasantpur, Jaithra Etah, en noviembre de 1991. Hijo del sastre Nand Kishore, jugaba fuera de la tienda de su padre cuando vio que dos clientes, Rakesh y Mukesh, del distrito de Barna en Etah, llegaban a recoger su ropa. El niño se asustó de inmediato y corrió a casa para decir a su madre: "Esos hombres me mataron. Por favor escóndeme o volverán a matarme". Después, a petición de su padre, Gulson, de sólo dos años, se esforzó por describir los recuerdos de su vida anterior. Señaló dos lugares de su cuerpo —en su mejilla derecha y en el lado izquierdo de su abdomen— donde tenía marcas de nacimiento muy visibles.

La persona que él recordaba haber sido en su vida anterior se llamaba Kanhkumar Pandey, cuyo hermano mayor Gyan Singh contó a Gaur cómo había muerto. Una mañana, muy temprano, se disponía a viajar a Etah en camión cuando dos jóvenes lo detuvieron y le dispararon frente a varios testigos. Las marcas congénitas del chico coincidían con las heridas de bala.

Por extraño que parezca, una de las personas que vio el cuerpo y las heridas fue el padre de Gulson. ¿Acaso esa imagen lo afectó o de algún modo la transmitió a su esposa de manera que produjo las marcas congénitas en el niño? Parece poco probable, pues Gulson nació *el mismo día* que mataron a Kanhkumar Pandey. Otra correspondencia física entre el hombre asesinado y el niño es que, a diferencia de sus padres y hermanos, Gulson tiene la piel muy clara (como Kanhkumar Pandey).

Marcas congénitas o cicatrices

Uno de los casos más extraordinarios de recuerdos de vidas pasadas asociados con marcas congénitas se encuentra en los registros de la Misión Budista Mundial en Rangoon. Se trata de un niño de doce años nacido en el sur de Myanmar en una familia cristiana, quien a pesar de tener un cuerpo sano y bien formado, presentaba raras malformaciones en manos y pies. Tenía profundas mellas a lo largo de la línea del corazón en ambas palmas y otras que recorrían una palma y el antebrazo. Sus pies y pantorrillas mostraban deformidades similares con líneas que avanzaban paralelas. Un cirujano dijo que no podían atribuirse a lesiones prenatales. Siempre que alguien se fijaba en estas deformidades, el brazo derecho se le hinchaba y sufría de dolor severo. Pero, ¿qué las causó?

Una tarde en que estaba acostado al lado de su madre, le confió los recuerdos de su vida pasada. Fue un hombre rico y escondió mucho dinero y plata en tres casas adyacentes, donde vivía solo. Una noche, unos ladrones entraron y lo ataron con alambre en posición agachada, antes de huir con su dinero y otros objetos de valor. Cuando lo descubrieron, días después, el alambre había causado profundas cortadas en su cuerpo y él había sufrido una muerte lenta, dolorosa y prolongada. Incluso los casos más sencillos de reencarnación son difíciles de aceptar para muchas personas. Quienes presentan extrañas características físicas desafían nuestra comprensión de la mecánica de la reencarnación y de las leyes espirituales que, según se piensa, rigen nuestro regreso a la Tierra en encarnaciones sucesivas. ¿Por qué alguien que ha perdido una mano o los dedos en una vida habría de estar marcado de manera similar en la siguiente? Y ¿por qué una víctima de un brutal ataque llevaría sus cicatrices de una vida a otra?

¿Castigado por asesinar a su esposa?

La historia de H.A. Wijeratne aumenta la confusión, pero sugiere que la culpa por malas acciones podría influir en estas marcas o defectos físicos. Wijeratne nació en Uggalkalteta, Sri Lanka en 1947 y tenía una deformidad en el lado derecho de su pecho. Su brazo era varias pulgadas más corto que el izquierdo y sólo la mitad de grueso. Los dedos de esa mano eran más pequeños de lo normal, y estaban unidos por piel. Tan pronto como aprendió a hablar, a los dos años, ofreció una explicación de tal deformidad: nació así porque era el brazo con el que había apuñalado a su esposa en su vida anterior. Recibió el castigo por su crimen, y el niño hizo una descripción gráfica de su ahorcamiento —cuya veracidad se confirmó después— acerca de algunos incidentes que precedieron su muerte. Luego identificó a la persona que fue en esa vida, el hermano menor de su padre actual.

Cuando la madre del chico preguntó a su esposo, admitió que había tenido un hermano casado, Ratran Hami, quien acuchilló a su esposa cuando se negó a regresar tras pasar unos días con sus padres. Ratran Hami asesinó a Podi Menike el 14 de octubre de 1927. El juicio se llevó a cabo en junio de 1928 y se le ahorcó un mes después.

Poco antes de que lo ejecutaran, Ratran Hami dijo a su hermano que *regresaría*, y aunque tal predicción parece haberse cumplido, ocurrió más de dieciocho años después de su muerte.

Wijeratne aceptaba que su brazo lisiado era una forma de castigo —o el cobro de una deuda kármica— por el asesinato cometido en su encarnación anterior. Así, uno supondría que tal defecto congénito tenía el propósito de enseñarle una lección. Si es así, no parece haber funcionado.

Cuando se le preguntó qué haría si volviese a ocurrir el mismo episodio, dio una respuesta estremecedora: "¡Tal vez volvería a matarla!"

Expulsado por creer en la reencarnación

Si las calamidades que experimentamos en esta vida son resultado de malas acciones en vidas anteriores, entonces Glenn Hoddle debió preguntarse qué cosa tan terrible hizo en su existencia anterior para merecer lo que le aconteció a principios de 1999.

El entrenador inglés de futbol tenía un empleo de ensueño. La responsabilidad de la ex estrella de *soccer* era seleccionar y moldear a sus jugadores en un equipo capaz de ganar la codiciada copa mundial. Si tenía éxito, se convertiría en héroe nacional. Pero no fue así. A pesar de tener un desempeño digno, el equipo no llegó a la final y Hoddle fue removido de su cargo a los pocos meses.

Eso en sí mismo no habría sorprendido, dada la forma en que se maneja este deporte tan competitivo. Sin embargo, por increíble que parezca, la salida de Hoddle no tuvo nada que ver con sus habilidades como entrenador o el desempeño de su equipo. Fue expulsado por expresar sus ideas sobre reencarnación.

Este extraordinario episodio, uno de los más extraños en la cambiante historia del futbol inglés, ocurrió bajo la atención de los medios. A muchos observadores les parecía una controversia fabricada por los medios e instigada, quizá, por individuos que buscaban una excusa para tumbar a Hoddle de su pedestal.

El debate empezó a finales de enero con una entrevista que Hoddle dio a *The Times*, la cual incluía esta opinión:

"A ti y a mí se nos ha dado, en el plano físico, dos manos, dos piernas y un cerebro más o menos decentes", dijo al periodista en lo que debió ser una entrevista sobre su trabajo como entrenador.

"Algunas personas han nacido así por una razón", continuó Hoddle. "Es el efecto del karma de otra vida. Yo no oculto nada al respecto. Y no sólo hablo de la gente con discapacidades. Lo que siembras lo cosechas."

Quizá sientas que lo que Hoddle dijo no es nada excepcional, aparte del hecho de que expresaba un tema increíblemente complejo en unas cuantas palabras. Pero *The Times* no pensaba lo mismo. Decidió que el entrenador ofendió a los discapacitados, y para confirmar esa idea, sus reporteros hablaron con varios portavoces de los minusválidos, les leyeron la cita y los invitaron a responder.

Como era de esperarse, fueron unánimes en su condena de las visiones de Hoddle, y *The Times* publicó sus hostiles comentarios sin darse cuenta de que también ofendía a los lectores hinduistas, budistas y de otros credos que aceptan la reencarnación y el karma.

De este modo, lo que empezó como un párrafo perdido de una extensa y variada entrevista —al parecer, un comentario al margen que Hoddle pensó que no se registraría— acabó en ataque de primera plana a sus visiones.

Primero otros periódicos, y luego radio y televisión, se unieron al escándalo, y en unas cuantas horas se convirtió en un debate que dominó los medios durante días, recibió cobertura mundial y provocó que un pequeño ejército de reporteros se plantara en la entrada de la Asociación de Futbol —organismo que había contratado a Hoddle— en el centro de Londres para atender cualquier noticia importante. Al parecer, la expulsión era inevitable, y sólo una ejecución pública satisfaría a los obtusos escuadrones de la prensa.

De hecho, Hoodle permaneció en su puesto mucho más tiempo del que esperaba la gente, y se rehusó a hablar con periodistas con una sola excepción: concedió una entrevista a Harry Harris de *The Mirror* (2 de febrero):

> Durante años me he preguntado por qué tanta gente sufre de algo tan triste y trágico —explicó—. Es algo que en verdad me importa. Me afecta mucho conocer a personas discapacitadas, ver una pobreza terrible o enterarme de personas que han sido víctimas de abuso...

> He investigado esto a profundidad y escuchado diversas teorías. Unas son más coherentes que otras. En verdad, yo no creo que las personas discapacitadas merezcan serlo. Pero busco una razón de su sufrimiento, como estoy seguro de que también lo hacen muchas personas discapacitadas... Si me destituyen, será algo que deberé afrontar para que yo sufra. Pero eso no cambiará mi creencia de que el mundo es injusto con una gran cantidad de personas y que yo soy más afortunado que la mayoría. Me seguirán importando los pobres, los discapacitados y las víctimas de abuso.

A medida que el debate se encendía, se supo que Hoodle promovió que los jugadores ingleses visitaran niños enfermos —a veces moribundos— y su madre trabajaba en una escuela para personas discapacitadas. En verdad, lejos de ser alguien que culpara a las personas discapacitadas de su propio sufrimiento, le preocupaba *mucho* su bienestar y pensaba en ellos más que la mayoría de la gente.

> Seguiré siendo cristiano en mis perspectivas —dijo Harry Harris—, sobre todo para conocer otras teo-

> logías e ideas que puedan darnos una nueva visión de problemas como pobreza, abuso y discapacidades. Pero no juzgaré a nadie. Tan sólo les ofreceré mi apoyo y compasión, y si eso es un crimen, que así sea.

Sin embargo, Hoddle recibió poco apoyo. Hablando en términos futbolísticos, había hecho su mejor esfuerzo para defender su posición y evitar un autogol. Pero cuando el primer ministro británico Tony Blair y su ministro del deporte Tony Banks se unieron al coro de desaprobación, fue claro que la salida de Hoddle era cuestión de tiempo. Tony Blair dijo que si Hoddle había dicho las palabras que se le atribuían, era un insulto a los discapacitados y debía irse.

Y se fue. Con un notable aplomo, aunque un tanto aturdido por el furor a su alrededor, Hoddle leyó una declaración que incluía estas palabras:

> Ustedes habrán oído que mi contacto con la Asociación de Futbol ha terminado por mutuo acuerdo. Acepto que cometí un serio error de juicio en una entrevista que causó malentendidos y dolor en

> varias personas. Esta nunca fue mi intención y pido disculpas por ello.

El caso Hoddle mostró lo peor de la prensa británica. Fue una oportunidad dorada para que se lucieran los columnistas de primera plana. "Saquen de su desgracia a este confuso hombre de Dios antes de que pierda la razón por completo", decía un encabezado del *Daily Mail* (1 de febrero). Al día siguiente, el mismo periódico decía: "Está loco, pero he aquí por qué Hoddle no debería ser destituido". Los encabezados y artículos demostraron cuán ignorante es la mayoría de la gente respecto al renacimiento. Mas la vehemencia de las visiones expresadas hicieron pensar a algunas personas que existía un plan oculto detrás de lo que parecía una campaña para echar a Hoddle de su trabajo. Después de todo, había expresado opiniones muy similares en una entrevista radiofónica para la BBC nueve meses antes y sus palabras se citaron poco después en un periódico sin recibir una sola crítica:

> Creo que hemos estado aquí antes, en espíritu —dijo a su entrevistador en aquella ocasión—. Ten-

> go la creencia de que este cuerpo físico es sólo un abrigo... que cometemos errores aquí y nuestro espíritu debe regresar y aprender. Es por ello que hay injusticia en el mundo. ¿Por qué algunas personas nacen con problemas físicos terribles...?

¿Por qué estas palabras, que se prestan a la misma interpretación que se hizo en la entrevista más reciente no provocaron un solo murmullo de desaprobación en los medios? ¿Es acaso una mera coincidencia que la primera vez que expresó sus creencias la selección inglesa de futbol aún estuviese en plena contienda por la copa mundial, mientras que cuando repitió sus opiniones sobre reencarnación ya la habían derrotado? Aunque fue un castigo demasiado severo, la expulsión de Hoddle hizo que mucha gente hablara más sobre la reencarnación, permitió que muchos creyentes expresaran sus opiniones en prensa, radio y televisión, y provocó que la nación entera dedicara al menos un pensamiento fugaz a la posibilidad de renacer algún día.

"Mucha gente supone equivocadamente que quienes creen en la vida después de la muerte, la reencarnación y fenómenos similares también creen que todas las desgracias, incluidas las discapacidades físicas, son castigos por las malas acciones cometidas", escribió James Green, lector del *Sunday Telegraph*, de Chorlton, Manchester.

"Y bien podrían serlo, pero el problema es más complejo y tales limitaciones o desventajas también pueden deberse a otros factores."

Después de explicar que, mientras un alma se encuentra en el mundo espiritual *antes* de encarnar, puede elegir regresar discapacitada, concluyó:

"Así pues, no todos los creyentes en la reencarnación perciben cada desventaja como castigo o coscorrón por comportarse mal. Podemos aprender sin castigo."

Y una lectora suiza del *Daily Mail* escribió para decir que había escuchado antes opiniones similares a las de Hoddle en boca de un amigo suyo con parálisis cerebral: "Para él, era la mejor explicación de por qué había nacido minusválido".

Estas contribuciones tan interesantes al debate, debo añadir, fueron las menos. Una excepción fue el resumen editorial de *The Mirror* del 13 de febrero:

"El final, cuando llegó, fue triste. Glenn Hoddle dejó su trabajo con la selección inglesa con más tristeza que enojo". En retrospectiva, la mayoría de la gente sentía que Hoddle debió continuar en su trabajo, pero también que pocos discutirían la idea de que lo mejor para la reputación del fubol inglés era su destitución. El periódico también elogió la voz solitaria de Lord Ashley, gran activista por los discapacitados. Tras enterarse de la remoción de Hoddle, Lord Ashley dijo: "Éste es un día triste para la tolerancia y la libertad de expresión británicas".

The Mirror concluyó:

"Glenn Hoddle se ha ido porque cometió el error de ventilar una creencia religiosa muy polémica. Es una manera muy curiosa de perder el empleo para un entrenador de futbol y establece un precedente peligroso para otras figuras públicas."

Yo no podría estar más de acuerdo con algo. Sólo llegaremos a la verdad sobre reencarnación y vida después de la muerte al sopesar evidencias y considerar hechos, a favor y en contra. El fanatismo y la intolerancia no tienen cabida en este debate.

[illegible] [illegible] [illegible] [illegible] [illegible]
[illegible]

[illegible]

[illegible] [illegible] [illegible]
[illegible] [illegible] [illegible]
[illegible] [illegible] [illegible] punto de [illegible]
[illegible] [illegible] [illegible]
[illegible] para el [illegible]

[illegible] [illegible] [illegible]
[illegible] la verdad sobre [illegible]
[illegible] [illegible] [illegible]
[illegible] [illegible] [illegible]
[illegible] [illegible] [illegible]

21 Exploraciones en el futuro

Un negro destino

Es julio de 1998 y el mundo está de cabeza. En lugar de que el sol ilumine el paisaje de Arizona, Chet Snow observa un desierto triste mientras un cielo casi negro deja caer gotas de llovizna. Ha salido a revisar los caballos y, cuando termina de hacerlo, se apresura con frío y hambriento para regresar al rancho. Es su cumpleaños, pero sabe que no habrá celebración.

La escena no pertenece a una oscura película futurista, sino a los *recuerdos* de un hombre que experimenta una *terapia de progresión*. Éste y otros vislumbres hipnóticos del futuro lo han convencido de que la Tierra enfrenta una gran catástrofe, tal vez una inversión polar o alguna otra inclinación del eje planetario. Si es sólo un movimiento de la corteza terrestre, lo cual dejará intacto su centro líquido, o un movimiento orbital mayor, quizá resultado de una colisión o roce con un enorme asteroide o cometa, no está claro. Por supuesto, otra explicación es que podría tratarse tan sólo del resultado de una imaginación hiperactiva alimentada por una dieta de películas de desastres y predicciones de famosos profetas apocalípticos.

Pero la voz de Chet Snow no es la única. En un experimento iniciado por la hipnoterapeuta Helen Wambach en 1983 y continuado por Chet Snow tras la muerte de la doctora en 1985, se ofreció a 2 500 estadounidenses una oportunidad para *avanzar* mediante la hipnosis a una vida futura. Hubo notables similitudes en sus experiencias, lo cual sugiere que en verdad vieron el futuro, o al menos recibieron la influencia de algunos otros factores de manera similar.

Para cuando su libro *Mass Dreams of the Future* se publicó en 1989, Chet Snow ya era bastante prestigioso como hipnoterapeuta y se había unido al consejo de la Association for Past Life Research and Therapy (APART), entre cuyos fundadores estuvo Helen Wambach. Durante tres años a partir de 1990, fue presidente de APART. También descubrió que tenía una rara cualidad cuando estaba en progresión hipnótica. La gran mayoría de los sujetos voluntarios para el proyecto encontraron alguna *barrera* que les impedía ver por anticipado hechos futuros de esta vida, pero al parecer viajaban en el tiempo a vidas futuras. Por otro lado, Chet Snow podía prever sucesos en su vida actual.

"A mediados de los noventa, yo fui capaz de avanzar en el tiempo y ver algunas cosas que ya se están cumpliendo", me dijo cuando lo entrevisté para la revista:

> y que se publicaron en el libro hace diez años. La situación en Yugoslavia ya está clara, los rusos se ven mucho peor que antes: ahí ocurre una verdadera crisis política que, según veo, podría volver a salir a la superficie. La situación climática; la creciente actividad volcánica y sísmica; todo lo que preví a mediados de los noventa, con drogas, sequías e inundaciones que vienen una sobre otra, conducen a este periodo de grandes cambios.

Por supuesto, siempre hay quienes creen que los tiempos actuales son los peores en la historia de la humanidad. Los grandes criminales parecen aumentar. Los desastres naturales parecen pedir cada vez más vidas. Siempre hay algo que podemos usar para pintar un cuadro tenebroso y, con tantas predicciones, algunas deben cumplirse. Pero incluso Chet Snow tiene una cláusula de *escape* que, en esencia, dice que si el ser humano enmienda sus malas acciones, quizá no sucedan algunos cataclismos que acechan nuestro futuro inmediato. Sugiere que hay alguna forma de responsabilidad kármica colectiva para con el planeta en la que las malas acciones morales, o quizá ecológicas, se castigarán con toda clase de calamidades indecibles.

En cuanto a su propio futuro, Chet Snow se ve notablemente relajado después de que, en apariencia, fue sorprendido tratando de hacer que se cumpliera una profecía. Cuando Helen Wambach lo hizo avanzar en el futuro hasta su cumpleaños en julio de 1998, no vivía en Arizona, donde se había visto a sí mismo en su progresión anterior. Sin embargo, ahí vive ahora por una serie de circunstancias conectadas con su trabajo y no porque se cumpla la progresión. Pero hay una diferencia. En su visión hipnótica, estaba solo, mientras ahora vive felizmente casado. Atribuye este cambio en su propio futuro a la *madurez espiritual.*

Una drástica reducción de la población mundial

Una predicción con la que muchos sujetos en el experimento estuvieron de acuerdo, fue que habría un importante decremento de la población en los próximos 150 años. Las estadísticas oficiales también indican una disminución, pero no tan drástica como la que ven los *progresionistas.*

Jenny Cockell, cuyos recuerdos de una vida anterior como ama de casa irlandesa, Mary Sutton, han producido un gran asombro en lectores de todo el mundo (capítulo 2); cree que también ha visto su futuro... y se desarrollará en Nepal. En su libro *Past Lives, Future Lives,* nos da una previsión de su existencia futura como mujer llamada Nadia, quien vivirá en una aldea ubicada junto a la ladera de una colina en un área montañosa de tierra de textura muy fina y color anaranjado rojizo.

Tal como lo hizo con su vida en Malahide, Irlanda, consiguió un mapa del área y se sintió atraída hacia la aldea de Kokuwa, a medio camino entre el monte Everest y la frontera hindú. Además de *recuerdos del futuro*, también ha recurrido al hipnotizador Jim Alexander para tener más información.

Según escribe ella:

> Esta experiencia de ver el futuro tuvo una cualidad diferente a la de recordar mi vida pasada como Mary. Los recuerdos han sido como otros; nunca hubo nada extraño en ellos. Con esta experiencia nueva, sentí que estábamos ligadas; vivía los sentimientos no tanto como un recuerdo, sino como si estuviese en el pasado y Nadia, de dos años, me estuviese recordando desde su vida en el futuro, en el año 2040.

También describe otros dos *recuerdos* de vidas; una empobrecida en el siglo XXII en Europa continental (posiblemente en Polonia); y otra en el siglo XXIII en la que es una mujer estadounidense que trabaja como técnica para Unichem.

No previene sobre inversiones polares ni cambios en la órbita de nuestro planeta, pero concuerda con los voluntarios de Helen Wambach en que habrá una drástica reducción de la población mundial, la cual atribuye al uso indiscriminado de productos químicos que afectarán la cadena alimenticia.

Una visión no lineal del tiempo

Creer que una mente humana puede recuperar recuerdos de una vida anterior exige muchísimo a nuestra comprensión intelectual y espiritual. Aceptar que también podemos ver nuestros futuros, de manera individual o colectiva, requiere un salto de fe aún mayor, o la suspensión de todas nuestras facultades críticas. A menos, por supuesto, que estemos malentendiendo la propia naturaleza del tiempo. Jenny Cockell, quien siempre ha tenido destellos psíquicos que incluyen premoniciones, dice que cuando ve el futuro: "es como si la mente existiera de manera simultanea en dos puntos diferentes en el tiempo". Su hijo sugirió la siguiente explicación:

> Observamos el tiempo desde el momento presente; vemos el pasado atrás y el futuro adelante, y pensamos en nosotros como si sólo existiéramos en el ahora. Pero esta visión lineal limita nuestra comprensión de tiempo y mente. Quizá el preconocimiento involucre algún vínculo telepático a través del tiempo.

Pero tales ideas están fuera de la comprensión de la mayoría de las personas, quienes, mientras se entregan felices a su fascinación por que les lean la suerte, no quieren entender las complejas teorías de la cuántica u otras sugerencias acerca de cómo podríamos sintonizarnos con el futuro.

El problema con las *progresiones* es que, en su mayoría, son indemostrables, al menos en esta vida. pero todos deberíamos interesarnos en el futuro de nuestro planeta y cómo influimos en él. Después de todo, si la reencarnación es un hecho —para algunos de nosotros o para todos— entonces somos nosotros quienes heredaremos la Tierra y nosotros tendremos que resolver los problemas que creamos hoy.

22
Conclusión

Cuando el profesor Ian Stevenson visitó Londres a finales de 1996 para una conferencia ante la Society for Psychical Research, admitió que, después de más de 30 años de estudio intensivo de más de 200 casos de reencarnación, sabía menos acerca del tema que cuando empezó. Quizá sean muy pocos los campos científicos en los que pueda hacerse una declaración así, sobre todo viniendo de alguien que ha dedicado tanto tiempo y energía a investigar casos de manera personal. Pero así ocurre con la reencarnación.

Como hemos visto en los numerosos casos abordados, hay algunos patrones que surgen de los informes recopilados en todo el mundo, aunque en algunas culturas se desvanecen por completo y, en otras, arrojan resultados muy diferentes. ¿Por qué?

En su mayoría, los recuerdos de vidas anteriores surgen a edad temprana y se olvidan antes de que un niño alcance la pubertad. Pero hay excepciones a esta regla, incluidas algunas en que los recuerdos de una vida anterior surgen en edad adulta. ¿Por qué?

Casi siempre, cuando una persona recuerda una vida anterior, es muy probable que haya renacido en un cuerpo del mismo sexo y la misma cultura. Hay muchos casos en que la reencarnación ocurre en la misma aldea, e incluso, dentro de la misma familia. Pero en otros ejemplos, a la persona que tiene estos recuerdos la separa una gran distancia de la persona cuya vida recuerda; en algunos incluso se encuentran diferencias culturales y religiosas.

¿Por qué?

Tal vez los casos más desconcertantes, pero al mismo tiempo lo más convincentes, sean aquellos —un porcentaje muy alto— en que marcas o defectos congénitos muestran una extraordinaria correspondencia con heridas u otros rasgos del cuerpo de la persona cuya vida se recuerda. Parecería que, al menos en algunas personas, un asesinato brutal en una vida anterior puede hacer que la deformación provocada por el modo de matarlas se transfiera al nuevo cuerpo en que renace ¿Por qué?

Me gustaría responder cada una de las interrogantes anteriores, pero no puedo. Por supuesto, existen muchas teorías y pocos hechos convincentes para sustentarlas. Mas, hay algunos aspectos de los que puedo hablar con mayor certeza.

En primer lugar, admito que en este libro he pasado por alto en gran medida las perspectivas de los escépticos. No es porque desestime lo que dicen. De hecho, leo con avidez sus puntos de vista y reconozco sus valiosas contribuciones al debate. Pero, a pesar de sus críticas, considero que las evidencias de reencarnación son contundentes y me he esforzado por razonarlas. Por lo tanto, estoy predispuesto, y este libro lo refleja. Otras personas darían una interpretación muy diferente a muchos de los casos que he citado, y debe decirse que incluso el profesor Ian Stevenson, con todos sus esfuerzos y cautela científica, aún no afirma haber *demostrado* la reencarnación. Según dice, sus casos *sugieren la presencia de reencarnación.* No es ningún secreto que la reencarnación es su explicación *preferida* para los mejores casos, visión que comparto. Sólo el tiempo dirá si alguna vez llegará el momento en que la reencarnación pueda demostrarse científicamente.

El mayor problema al evaluar evidencias de reencarnación es que muchas, al menos en principio, son de índole anecdótica. Dependemos de los padres o familiares de niños para que recuerden lo que decían, y también debemos considerar sus propias creencias, las cuales pueden influir en sus recuerdos. Es frecuente que los investigadores deban comunicarse con las familias por medio de intérpretes, y esta otra área donde las ideas o prejuicios personales del traductor pueden influir en los recuerdos. Asimismo, es un error suponer que tales creencias siempre favorecen la reencarnación. No todos los padres ven con agrado la atención tan tumultuosa que reciben las familias con un hijo que recuerda vidas anteriores. A algunos niños se les pega o castiga para que no hablen de ellas. De este modo, los investigadores en este campo realizan una labor muy difícil: deben reunir información exacta acerca de declaraciones hechas mucho tiempo antes de su llegada al lugar; a veces encuentran afirmaciones contradictorias y toman decisiones difíciles acerca de la confiabilidad y motivos de los testigos. Por supuesto, todo se repite con la familia de la persona cuya vida se recuerda.

Lo ideal es que un investigador que sabe sobre un niño con recuerdos de vidas pasadas, acuda poco después de que ha hablado por primera vez, a fin de presenciar el recuerdo y hacer preguntas. Luego, tras espigar información suficiente de la persona que parece renació, el investigador irá en busca de la familia de dicho individuo, antes de que lo haga cualquier persona no científica. Unas veces estas búsquedas resultan fructíferas y otras no.

Cualquier científico preparado para adentrarse en las lóbregas aguas de la vida después de la muerte en busca de evidencias, puede esperar una reacción áspera por parte de los no creyentes y, durante su carrera, el profesor Ian Stevenson ha resistido muchos ataques con estoicismo y paciencia. La acometida general de tales críticas se ha dirigido a cuestionar la calidad de sus técnicas de investigación y a sugerir que está predispuesto.

Por ejemplo, en su libro *All in the Mind,* el escritor inglés Ian Wilson critica al profesor Stevenson por recurrir a Francis Story, budista inglés, y al doctor Jamuna Prasad, psicólogo educativo del distrito de Uttar Pradesh en India. Sugería Wilson que, como ambos están predispuestos a difundir la reencarnación, no eran las mejores personas para trabajar con el profesor como asistentes o traductores. También arguye que una *dificultad* con el trabajo del profesor Stevenson es: "la ausencia en sus casos publicados de cualquier regla discernible que rija la existencia hipotética de la reencarnación". También se queja de que dichos casos *no revelan ningún patrón lógico* y están llenos de *patrones demasiado inconsistentes.*

El difunto D. Scott Rogo, escritor e investigador estadounidense que criticó parte del trabajo del profesor Stevenson, disentía de tales argumentos. En su libro *The Search for Yesterday*, menciona la reseña del libro de Ian Wilson que escribió para la revista *Fate,* en la cual desechó su crítica a Story y Prasad por ser creyentes; argumentó que a Wilson podía acusársele de estar predispuesto *en contra de la reencarnación* por ser un católico converso. Esto provocó una airada respuesta de Wilson, "quien obviamente ignoró que yo tan sólo jugaba su propio juego de razonamientos tontos".

En su propio libro, Rogo hace un excelente resumen de algunas críticas dirigidas contra el profesor

Stevenson, y añade la suya. Menciona cuatro casos bastante conocidos y citados, y alega que el profesor Stevenson *dirigió al testigo* en el caso de Mounzer Haïdar (pp. 47-54); suprimió información importante en los informes sobre la chica llamada Mallika: padre y abuelo de la niña negaron en público las declaraciones sobre su comportamiento; exageró una ofuscación en el caso de Imad Ewalar para hacer que encajara en el molde de la reencarnación sin cabos sueltos; y minimizó *discrepancias importantes* en el caso de Uttara Huddar (pp. 366-369).

Quizá estas críticas parezcan triviales, añade D. Scott Rogo:

> pero indican la posibilidad de que el trabajo de Stevenson esté imbuido por una predisposición sistemática... Sus fallas en los casos de Mallika y Uttara Haddar salieron a luz porque yo decidí reexaminar sus informes mediante mis contactos en India. Los errores en su presentación de los casos de Mounzer Haïdar e Imad Elawar sólo se revelan tras un escrutinio cuidadoso de los informes. Así, surge la interrogante de si acaso hay otros errores, omisio-

nes y camuflajes que pudiesen plagar la generalidad de su trabajo publicado.

Leonard Angel del Douglas College en New Westminster, Canadá, quien publicó sus comentarios sobre el caso de Imad Elawar en su libro *Enlightment East & West*, y en forma abreviada en la revista *Skeptical Inquirer* (otoño de 1994), tiene una queja aún más fuerte. Según dice, eligió este caso porque:

> tan sólo aquí, el propio Stevenson registró los recuerdos previos a la verificación, estuvo presente en los primeros encuentros entre el chico que tenía los recuerdos de vidas anteriores y los miembros sobrevivientes de la que fue su familia en esa aparente vida anterior, y dirigió las verificaciones de los recuerdos.

En un principio, los padres del chico "creían que él decía haber sido un tal Mahmoud Bouhamzy de Khirby, quien tenía una esposa llamada Jamilah y había muerto al ser arrollado por un camión tras un pleito con su conductor".

Tras criticar al profesor Stevenson por no dar información suficiente sobre cómo se obtuvieron los datos, ni mostrar las palabras precisas de los padres, Leonard Angel añade:

> Por sorprendente que parezca, acabó por considerar que los recuerdos del chico eran buena evidencia de reencarnación, aunque el mejor candidato para encarnación pasada que encontró Stevenson no se llamaba Mahmoud Bouhamzy, no tenía una esposa llamada Jamilah y no murió como resultado de un accidente y mucho menos de uno ocurrido tras un pleito con un chofer.

Debo señalar que estas diferencias resultan bastante obvias para quienes han leído el libro *Twenty Cases Suggestive of Reincarnation* del profesor Stevenson, donde trata a profundidad este caso tan complicado. Los amigos del profesor lo convencieron de abandonar su *política de ignorar críticas publicadas en revistas*, y respondió a estos puntos, insistiendo al final en que, a pesar de las visiones de Leonard Angel, aún considera que el caso de Imad Elawar es uno de los más sólidos que haya encontrado, aunque desde entonces —los años sesenta— hayan aparecido otros *tanto o más fuertes* que éste. Insiste en que Imad nunca dijo que el fatal accidente del camión le hubiese ocurrido a él: tan sólo lo describió con lujo de detalles. Y entonces plantea la posibilidad de una "fusión ocurrida en la mente de Imad de *recuerdos* relacionados con la enfermedad de Ibrahim y el accidente de su amigo Said".

Los lectores interesados en lo que los escépticos dicen respecto del tema, pueden consultar el libro *Reincarnation: A Critical Examination*, aun cuando su autor se niegue a aceptar cualquier posibilidad de sobrevivir a la muerte y, por tanto, desacredite las evidencias en esa dirección.

Pero el profesor Stevenson no es la única persona que investiga casos de reencarnación. Varios investigadores realizan estudios similares y encuentran los mismos patrones y similitudes. Entre ellos se encuentra el profesor Erlendur Haraldsson, quien en 1995 publicó en *The Journal of Nervous and Mental Disease* (vol. 183, núm. 7) los resultados de un estudio realizado en Sri Lanka con 23 niños que recordaban vidas anteriores. Descubrió que, comparados con una muestra de control, tenían mayores capacidades verbales y mejores recuerdos que sus compañeros, además de mostrar un mejor desempeño escolar y mayor actividad social, aunque no eran más sugestionables. Sin embargo, eran más discutidores, parlanchines y perfeccionistas que otros niños. El profesor Haraldsson promete realizar más exploraciones para entender la importancia de estos hallazgos.

Ya mencioné la queja del escritor Ian Wilson sobre *patrones demasiado inconsistentes* en estudios de casos de reencarnación, sobre todo entre una cultura y otra. "Por ejemplo, casi todos los indios tlingit de Alaska al parecer reencarnan dentro de su misma familia", señala "mientras que casi todos los hindúes lo hacen fuera de ella". Sin embargo, tales inconsistencias podrían ser patrones en sí mismos y constituir más una *fortaleza* que una debilidad. El propio Stevenson ha comentado estas diferencias. Al parecer, si tu cultura te enseña que reencarnas inmediatamente después de morir, es lo que pasará. Si la creencia prevaleciente es que renacerás en tu propia familia, eso ocurrirá. Si te han enseñado que tu alma renacerá a los dos años de muerto, así sucederá. Cultura, creencias e incluso deseos del individuo parecen dictar cuándo, dónde y en quién ocurrirá el renacimiento. Esto lleva al profesor Stevenson a preguntar: "Entonces ¿qué ocurre con la gente que no cree que renacerá?"

Tras investigar más de 2 500 casos y escrito sobre unos 200 de ellos, es casi inevitable que los críticos encuentren uno o dos casos del profesor Stevenson que no les satisfagan. Aun si pudiese probarse que cada caso reportado por el profesor y sus colegas tiene alguna deficiencia, eso no significa que los casos en sí mismos no sean evidencias de reencarnación. Las críticas suelen dirigirse contra el método científico del profesor, no contra las evidencias mismas.

Hay quienes no creen en la reencarnación, aunque debo decir que en su mayoría lo hacen por razones que no resisten un examen crítico. En lo que respecta a la validez científica, a pesar de los valientes esfuerzos del profesor Stevenson y sus colegas, aún nos falta mucho para tener suficientes estudios con la calidad necesaria para proporcionar pruebas convincentes.

Pero nada nos impide hacer nuestros propios razonamientos con base en evidencias disponibles, instintos propios, percepciones espirituales o enseñanzas religiosas. En lo personal, creo que sí hay alguna forma de reencarnación en la mayoría de la gente, pero sus mecánicas son demasiado complejas para entenderlas. También que si hubiese más personas abiertas a esta posibilidad, esto ayudaría a encontrar pistas importantes sobre algunos desconcertantes aspectos de la conducta humana.

Por ejemplo, en los casos de confusión de identidad de género, sería muy útil para los individuos que la sufren que quienes las ayudan aceptasen la *probabilidad* de que hayan vivido en un cuerpo del sexo opuesto en una existencia anterior, conservando su recuerdo.

Los psicólogos y terapeutas que riñen acerca de casos en que hay acusaciones de abuso infantil y el llamado *síndrome del falso recuerdo,* también pueden considerar la posibilidad de que tales acusaciones —a menudo claramente falsas— no sean instigadas por un terapeuta, sino que se *filtren* desde una vida anterior en la que sí ocurrió un abuso.

Y, sobre todo, quizá podríamos fomentar un mayor sentido de la compasión en quienes muestran odio racial, religioso o sexual, al convencerlos de que tal vez un día renazcan con el color, creencia o género que desprecian en esta vida.

Al final, la reencarnación no es una cuestión de estudios de caso, análisis académicos, estadísticas, patrones, hechos y cálculos. Tiene que ver con personas, como tú y yo. Implica contemplar la posibilidad de que nuestra vida actual sólo sea una de muchas. Sugiere que tenemos un elemento inmortal, una chispa divina, un alma indestructible, la cual sobrevive al cuerpo terrenal, de lo que se desprende que cada uno de nosotros tiene un propósito en la vida.

Si tan sólo uno de los estudios de caso abordados en este libro te ha convencido de que un individuo ha tenido más de una vida, se abre la puerta a la posibilidad de que la reencarnación sea una ley universal que nos abarque a todos. De ti y de mí depende decidir qué efectos tendrá ese descubrimiento en el resto de nuestra vida... y cuáles en una vida posterior.

Bibliografía

ANDRADE, Hernani Guimarães, *Renasceu Por Amor*, (IBPP, Monografía núm. 7, en portugués).

ANGEL, Leonard, *Enlightenment East & West*, Nueva York, SUNY, 1994.

BANERJEE, Hemendra Nath, *Americans Who Have Been Reincarnated*, Nueva York, Macmillan Publishing Co., 1980.

BERNSTEIN, Morey, *The Search For Bridey Murphy*, Nueva York, Doubleday, 1956.

CARPENTER, Sue, *Past Lives: True Stories Of Reincarnation*, London, Virgin Books, 1995.

COCKELL, Jenny, *Past Lives, Future Lives*, Londres, Pitakus Books, 1996.

_______, *Yesterday's Children*, Londres, Pitakus Books, 1993.

COTT, Jonathan, *The Search For Omm Sety*, Londres, Rider, 1987.

CUNNINGHAM, Janet, *A Tribe Returned*, California, Deep Forest Press, 1994.

CHRISTIE-MURRAY, David, *Reincarnation: Ancient Beliefs And Modern Evidence*, David & Charles, 1981.

DOWDING, Air Chief Marshall, *Lychgate: The Entrance To The Path*, Londres, 1945.

_______, *Many Mansions*, Londres, 1943.

EBON, Martin (ed), *Reincarnation In The Twentieth Century*, Nueva York, The World Publishing Co, 1969.

EDWARDS, Paul, *Reincarnation: A Critical Examination*, Nueva York, Prometheus Books, 1996.

EVERETT, Lee, *Celebrity Regressions*, Londres, W. Foulsham & Co., 1996.

FISHER, Joe, *The Case For Reincarnation*, Londres, Granada Publishing, 1985.

GERSHOM, Rabbi Yonassan, *Beyond The Ashes*, Virginia Beach, ARE Press, 1992.

_______, *From Ashes To Healing*, Virginia Beach, ARE Press, 1996.

GRANT, Joan, *Winged Pharaoh*, Londres, 1937.

GUIRDHAM, Arthur, *The Cathars And Reincarnation*,

Londres, Neville Spearman, 1970.

________, *The Lake And The Castle*, Londres, Neville Spearman, 1976.

________, *We Are One Another,* Londres, Neville Spearman, 1974.

HARRIS, Melvin, *Sorry, You've Been Duped!*, Londres, Weidenfeld & Nicholson, 1986.

IVERSON, Jeffrey, *In Search Of The Dead,* Londres, BBC Books, 1992.

_______, *More Lives Than One,* Souvenir Press, 1976.

KEETON, Joe y Peter Moss, *Encounters With The Past,* Sidgwick & Jackson, 1979.

LUCAS, Winafred Blake (ed), *Regression Therapy, A Handbook For Professionals,* vols. I y II, California, Deep Forest Press, 1993.

LLEWELYN, Ken, *Flight Into The Ages,* Nueva Gales del Sur, Felspin, 1991.

O'HARA-KEETON, Monica, *I Died On The Titanic*, Birkenhead, Countryvise, 1996.

OSTRANDER, Sheila y Lynn Schroeder, *Psychic Discoveries Behind The Iron Curtain*, Nueva Jersey, Prentice-Hall, 1970.

PASRICHA, Satwant, *Claims of Reincarnation: An*

Empirical Study Of Cases In India, Nueva Delhi, Harman Publishing House, 1990.

PLAYFAIR, Guy Lyon, *The Flying Cow*, Londres, Souvenir Press, 1975.

________, *The Indefinite Boundary,* Londres, Souvenir Press, 1976.

RIEDER, Marge, *Mission To Millboro,* Nevada City, Blue Dolphin Publishing, 1993.

ROGO, D. Scott, *The Search For Yesterday,* Nueva Jersey, Prentice-Hall, 1985.

SANDWEISS, Dr. Samuel, *Sai Baba... The Holly Man And The Psychiatrist,* San Diego, Birth Day Publishing Company, 1975.

SNOW, Chet, *Mass Dreams Of The Future*, Londres, Aquarian Press, 1991.

STEARN, Jess, *Edgar Cayce: The Sleeping Prophet*, Nueva York, Doubleday, 1967.

______, *Soulmates*, Nueva York, Bantam Books, 1984.

______, *Yoga, Youth and Reincarnation*, Nueva York, Doubleday, 1965.

STEVENSON, Ian, *Cases Of The Reincarnation Type, Vol 1, Ten Cases In India,* Charlottesville, University Press of Virginia, 1975.

_________, *Cases Of The Reincarnation Type, Vol 2, Ten Cases In Sri Lanka,* Charlottesville, University Press of Virginia, 1977.

_________, *Cases Of The Reincarnation Type, Vol 3, Ten Cases In Lebanon and Turkey,* Charlottesville, University Press of Virginia, 1980.

_________, *Cases Of The Reincarnation Type, Vol 4, Ten Cases In Thailand and Burma,* Charlottesville, University Press of Virginia, 1983.

_________, *Children Who Remember Previous Lives,* Charlottesville, University Press of Virginia, 1987.

_________, *Twenty Cases Suggestive Of Reincarnation,* Charlottesville, University Press of Virginia, 1974 [publicado primero como vol. 26, 1966, de los *Proceedings* de la American Society for Psychical Research].

_________, *Unlearned Language: new studies in Xenoglossy,* Charlotesville, University Press of Virginia, 1987.

_________, *Xenoglossy: A Review And Report Of A Case,* Bristol, John Wright & Sons, 1974 [publicado primero como vol. 31 de los *Proceedings* de la American Society for Psychical Research].

SUTPHEN, Dick, *Earthly Purpose,* Nueva York, Pocket

Books, 1990.

WEISS, Brian, *Many Lives, Many Masters,* Londres, Pitakus Books, 1994.

_____, *Only Love Is Real,* Londres, Pitakus Books, 1996.

WHITTON, Joel y Joe Fisher, *Life Between Life*, Londres, Grafton Books, 1986.

WILSON, Ian, *Mind Out of Time*, Londres, Victor Gollancz, 1981.

WOOLGER, Dr. Roger, *Other Lives, Other Selves,* Nueva York, Bantam Books, 1988.

[illegible]
[illegible]
[illegible]
[illegible]

Historias verdaderas de vidas pasadas se terminó de imprimir en septiembre de 2005, en Litográfica Ingramex, S.A. de C.V. Centeno 162, col. Granjas Esmeralda, C.P. 09810, México, D.F.